KB072044

新HSK 출제 필수한자 100字

HSK 한자 단어장 5 6급

같은 한자 다른 발음

한자를 알면 단어가 보인다!

HSK 시험

HSK 1급

- 수준　간단한 중국어 단어와 문장을 이해하고 사용할 수 있으며, 기초적인 일상회화를 진행할 수 있다. 또한 다음 단계의 중국어 학습능력을 갖추고 있다고 판단할 수 있다.
- 대상　HSK 1급은 매주 2-3시간씩 1학기 (40-60시간) 정도의 중국어를 학습하고, 150개의 상용어휘와 관련 어법지식을 마스터한 학생을 대상으로 한다.
- 시험내용　HSK 1급은 시험시간은 약 40분이며, 총 40문항으로 듣기 4부분 20문항/독해 4부분 20문항, 이렇게 두 영역으로 나뉜다. (1-2급 문제는 한어병음이 표기됨.)
- 성적　각 영역별 만점은 100점 만점이며, 총점은 200점 만점이다.
※ 총점이 120점 이상이면 합격이다.
HSK 성적은 시험일로부터 2년간 유효하다.

HSK 2급

- 수준　중국어로 간단하게 일상생활에서 일어나는 화제에 대해 이야기 할 수 있으며, 초급중국어의 상위 수준이라 할 수 있다.
- 대상　HSK 2급은 매주 2-3시간씩 2학기 (80-120시간) 정도의 중국어를 학습하고, 300개의 상용어휘와 관련 어법지식을 마스터한 학생을 대상으로 한다.
- 시험내용　HSK 2급은 시험시간은 약 55분이며, 총 60문항으로 듣기 4부분 35문항/독해 4부분 25문항, 이렇게 두 영역으로 나뉜다. (1-2급 문제는 한어병음이 표기됨.)
- 성적　각 영역별 만점은 100점 만점이며, 총점은 200점 만점이다.
※ 총점이 120점 이상이면 합격이다.
HSK 성적은 시험일로부터 2년간 유효하다.

HSK 3급

- 수준　중국어로 일상생활, 학습, 업무 등 각 분야의 상황에서 기본적인 회화를 진행할 수 있다. 또한 중국여행 시 겪게 되는 대부분의 상황들을 중국어로 대응할 수 있는 수준에 해당한다.
- 대상　HSK 3급은 매주 2-3시간씩 3학기 (120-180시간) 정도의 중국어를 학습하고, 600개의 상용어휘와 관련 어법지식을 마스터한 학습자를 대상으로 한다.
- 시험내용　HSK 3급은 시험시간은 약 90분이며, 총 80문항으로 듣기 4부분 40문항/독해 3부분 30문항/쓰기 2부분 10문항, 이렇게 세 영역으로 나뉜다.
- 성적　각 영역별 만점은 100점 만점이며, 총점은 300점 만점이다.
※ 총점이 180점 이상이면 합격이다.
HSK 성적은 시험일로부터 2년간 유효하다.

HSK 4급

- 수준 여러 영역에 관련된 화제에 대해 중국어로 토론을 할 수 있다. 또한 비교적 유창하게 원어민과 대화하고 교류할 수 있다.
- 대상 HSK 4급은 매주 2-4시간씩 4학기 (190-400시간) 정도의 중국어를 학습하고, 1,200개의 상용어휘와 관련 어법지식을 마스터한 학습자를 대상으로 한다.
- 시험내용 HSK 4급은 시험시간은 약 105분이며, 총 100문항으로 듣기 3부분 45문항/독해 3부분 40문항/쓰기 2부분 15문항, 이렇게 세 영역으로 나뉜다.
- 성적 각 영역별 만점은 100점 만점이며, 총점은 300점 만점이다.
  ※ 총점이 180점 이상이면 합격이다.
  HSK 성적은 시험일로부터 2년간 유효하다.

HSK 5급

- 수준 중국어 신문과 잡지를 읽을 수 있고, 중국어 영화 또는 TV프로그램을 감상할 수 있다. 또한 중국어로 비교적 완전한 연설을 진행할 수 있다.
- 대상 HSK 5급은 매주 2-4시간씩 2년 이상(400시간이상) 집중적으로 중국어를 학습하고, 2,500개의 상용어휘와 관련 어법지식을 마스터한 학습자를 대상으로 한다.
- 시험내용 HSK 5급은 시험시간은 약 125분이며, 총 100문항으로 듣기 2부분 45문항/독해 3부분 45문항/쓰기 2부분 10문항, 이렇게 세 영역으로 나뉜다.
- 성적 각 영역별 만점은 100점 만점이며, 총점은 300점 만점이다.
  ※ 총점이 180점 이상이면 합격이다.
  HSK 성적은 시험일로부터 2년간 유효하다.

HSK 6급

- 수준 중국어 정보를 듣거나 읽는데 있어 쉽게 이해할 수 있으며, 중국어로 구두상 또는 서면상의 형식으로 자신의 견해를 유창하고 적절하게 전달할 수 있다.
- 대상 HSK 6급은 5,000개 또는 5,000개 이상의 상용어휘와 관련 어법지식을 마스터한 학습자를 대상으로 한다.
- 시험내용 HSK 6급은 시험시간은 약 135분이며, 총 101문항으로 듣기 3부분 50문항/독해 4부분 50문항/쓰기 작문 1문항, 이렇게 세 영역으로 나뉜다.
- 성적 각 영역별 만점은 100점으로 총점은 300점 만점이다.
  ※ 총점이 180점 이상이면 합격이다.
  HSK 성적은 시험일로부터 2년간 유효하다.

이 책을 펴내면서

중국어는 한자마다 고유한 발음이 있고 한자 중에는 성조와 발음이 다양한 한자가 있으며 그에 따라 뜻이 달라진다.

이 책은 新HSK 시험에 꼭 출제되는 자주 쓰이는 한자 중에서 두 가지 이상의 발음을 가진 한자를 선별하여 그 한자의 파생단어 중 新HSK 5·6급 단어를 한꺼번에 암기할 수 있도록 하였다. 무작정 단어를 암기하는 것보다 한자별로 그 발음에 착안하여 체계적으로 암기한다면 新HSK 5·6급 단어도 쉽고 재미있게 암기할 수 있다.

뿐만 아니라 한자와 단어 마다 정확한 발음과 성조, 품사, 뜻, 4자성어, 간단한 문법, 함께 알아두면 더욱 유용한 유의어, 반의어 등을 실어 사전 없이도 완벽하게 단어를 학습할 수 있도록 하였다.

新HSK 5·6급 한자 단어장은 新HSK 시험 준비와 한자를 마스터하고 싶은 모든 학습자를 만족시킬 수 있는 교재이다. 또한 여기에 수록된 단어는 시험뿐만 아니라 회화나 작문 등 중국어 학습 발전에 꼭 필요한 실용 단어이기도 하다.

아무쪼록 중국어를 공부하는 사람들이 신속하게 중국어 성적을 향상시키고 新HSK 시험에 쉽게 적응할 수 있게 되기를 바란다.

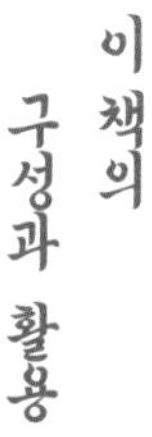

新HSK 시험에 꼭 출제되는 한자!

新HSK 시험에 꼭 출제되는 자주 쓰이는 한자 중 같은 한자에 발음과 성조가 둘 이상인 한자 100개를 선별하였다. 무작정 단어 암기보다 한자별로 그 발음에 착안하여 체계적으로 암기한다면 新HSK 시험 단어도 쉽고 재미있게 암기할 수 있다.

같은 한자 다른 발음!

같은 한자라도 발음과 성조에 따라 뜻이 달라지며 그 쓰임이 다른 것을 알 수 있다. 한자 하나로 두 가지 이상의 발음과 그 파생단어를 동시에 학습할 수 있는 일석이조의 효과를 거둘 수 있다.

新HSK 필수 5·6급 단어!

같은 한자 다른 발음의 파생단어 중 新HSK 5·6급 단어와 기타 단어를 한꺼번에 암기할 수 있도록 하였다. 한자와 단어마다 발음과 품사, 뜻, 4자성어, 간단한 문법, 알아두면 유용한 유의어, 반의어 등을 제시하여 사전 없이도 완벽하게 단어를 학습할 수 있다.

INDEX 활용!

책 끝에 한어병음 순서로 INDEX를 정리해 놓아 그때그때 궁금한 新HSK 5·6급 단어 및 기타 단어를 사전처럼 쉽게 찾아볼 수 있다.

차례

新HSK 출제 필수한자 100字
HSK
한자 단어장
5·6급
같은 한자
한자를 알면 단어가 보인다!
다른 발음

001 挨

挨는 뜻에 따라 2가지 성조가 있다. **가까이 가다, 순서를 따르다** 등의 뜻을 나타낼 때는 제1성 āi 로 읽고, **~을 당하다, 어렵게 살아가다** 등의 뜻으로 쓰일 때는 제2성 ái 로 읽는다.

āi

동 1. 가까이 가다, 접근하다 2. 순서를 따르다

挨门挨户 āi mén ái hù 집집마다

挨近 āijìn 동 가까이 하다, 접근하다

ái

6급

동 1. ~을 당하다, ~을 받다 2. 어렵게 살아가다
3. 시간을 끌다, 지체하다

挨打 áidǎ 동 매를 맞다, 구타당하다

挨饿 ái'è 동 굶주리다

挨日子 ái rìzi 동 참고 살아가다

002

凹는 2가지 발음이 있다. 형용사로 쓰일 때는 āo 로 읽고, 명사로 쓰일 때는 wā 로 읽어야 한다.

āo 형 오목하다, 가운데가 우묵하게 들어간 모양

6급	凹凸	āotū	형 울퉁불퉁하다
	凹陷	āoxiàn	동 움푹하다, 내려앉다

wā 명 오목, 가운데가 우묵하게 들어간 모양

凹地	wādì	저지대, 움푹한 지대
凹镜	wā jìng	오목 거울

003

熬

熬는 2가지 성조가 있다. **삶다, 끓이다** 등의 뜻을 나타낼 때는 제1성 āo 로 읽고, **달이다, 졸이다, 참다, 견디다** 등의 뜻으로 쓰일 때는 제2성 áo 로 읽는다.

āo

동 **삶다, 끓이다**

熬心 āoxīn 동 속을 태우다, 마음이 편치 못하다 마음을 졸이다

áo

6급

동 **1. 오래 끓이다 2. 달이다, 졸이다 3. 참다, 견디다**

5급 熬夜 áoyào 동 밤을 새다, 철야하다

熬药 áoyào 동 약을 달이다

B

004

薄

薄는 3가지 발음이 있다. báo 로 읽을 때나 bó 로 읽을 때나 의미는 동일하다. 다만 합성어나 성어로 쓰일 때는 주로 bó 로 읽는다. bò 로 발음하는 경우는 단지 **薄荷** bòhe 로 쓰일 때뿐이다.

báo

5급

형 **1. 얇다** 반의 **厚** hòu 두껍다 **2. 박정하다, 야박하다 3. 진하지 않다 4. 척박하다 5. 빈약하다, 보잘 것 없다**

薄板 báobǎn 명 얇은 철판, 얇은 널빤지, 판금

薄地 báodì 명 척박한 땅

bó

형 **1. 사소하다, 하찮다 2. 야박하다 3. 부실하다**

동 **경시하다, 깔보다** 흔히 합성어나 성어에서 bó로 발음한다.

6급 薄弱 bóruò 형 박약하다, 취약하다, 약하다

淡薄 dànbó 형 1. 희박하다, 옅다
2. (인상이) 어렴풋하다, 희미하다
3. (감정이) 담담하다, 시들하다
4. (맛이) 싱겁다, 약하다

薄物细故 bó wù xì gù
성어 사소한 일, 보잘 것 없는 일

bò

명 [식물] **박하** 로 쓰일 때만 bò로 발음

薄荷 bòhe 명 [식물] 박하

005

背

背를 제1성인 bēi 로 읽는 경우는 흔히 **동사**일 때이고, 제4성인 bèi 로 읽는 경우는 **명사**나 혹은 **등**이나 **물체의 반대면**의 뜻을 나타낼 때이다.

bēi

동 1. (등에) 업다, 짊어지다　2. (책임을) 지다
양 ~짐

背负 bēifù　동 1. 짊어지다 2. 책임지다, 부담하다

背子 bēizi　명 1. 등에 진 짐
2. (짐을 지는 데 쓰이는) 가늘고 긴 바구니

bèi

5급

명 1. 등　2. 뒷면, 반대면
동 1. 어기다, 배반하다　2. 암송하다　3. 등지다

5급 背景 bèijǐng　명 1. 배경
2. 배후 세력, 배경, 백그라운드 (background)

5급 后背 hòubèi　명 1. 등　2. 후방, 배후

6급 背叛 bèipàn　동 배반하다, 모반하다

6급 背诵 bèisòng　동 (시문 · 글 등을) 외우다, 암송하다

6급 违背 wéibèi　동 위반하다, 위배하다, 어기다, 어긋나다

006

奔

奔을 제1성인 **奔** bēn 으로 읽을 경우에는 **특정한 목적이 없이 달릴 때**를 의미하고, 제4성인 bèn 으로 읽는 경우에는 **곧장 목적을 향해 달릴 때**에 해당된다.

bēn

동 1. 내달리다 2. 분주히 뛰다 3. 내빼다,달아나다

6급 奔波 bēnbō 동 바쁘게 뛰어다니다, 분주하다

6급 奔驰 bēnchí 동 (차나 말 등이) 내달리다, 질주하다
명 벤츠(Mercedes-Benz)

奔腾 bēnténg 동 1. (물이) 거세게 흐르다
2. (많은 말들이)내달리다
명 [컴퓨터] 펜티엄

奔走呼号 bēn zǒu hū háo
성어 1. 뛰어다니며 소리치다
2. 각처로 다니며 선전하여 동정과 지지를 호소하다

bèn

동 1. (목적지를 향하여) 곧장 나아가다
2. (어떤 일에) 힘쓰다 3. 몸을 의탁하다

奔命 bènmìng 동 죽을힘을 다하다

奔头儿 bèntóur
명 (노력으로 얻을 수 있는) 보람, 희망

007 辟

辟는 뜻에 따라 2가지 발음이 있다. **군주** 나 **없애다** 의 뜻을 나타낼 때는 bì 로 읽고, **열다, 개설하다, 반박하다** 등의 뜻으로 쓰일 때는 pì 로 읽는다.

bì

명 **군주, 왕**
동 **1. 제거하다, 배제하다 2. 불러서 벼슬자리를 주다**

辟举 bìjǔ 동 불러서 채용하다, 등용하다

辟邪 bìxié 동 사악한 것을 없애다, 악귀를 물리치다

pì

동 **1. 열다, 일구다, 개설하다 2. 반박하다, 논박하다**
형 **투철하다**

6급 开辟 kāipì 동 1. 개통하다, 열다
2. 개발하다, 개척하다, 창건하다

辟门路 pì mén lù 살길을 개척하다, 방법[비결]을 알아내다

辟谣 pìyáo 동 진상을 밝히다, 소문을 반박하다

B

008

便

便은 쓰임에 따라 2가지 발음이 있다. 주로 biàn으로 발음하는 경우가 많고, 단, **값이 싸다, 비만하다, 말주변이 좋다** 등의 뜻을 나타낼 때는 반드시 pián으로 발음해야 한다.

biàn

5급

형 1. 편리하다, 편하다 2. 적당하다, 적합하다
3. 간단한, 평상시의

명 편리한 때 또는 기회, 계제

부 곧, 바로

명 동 대변·소변(을 보다)

6급 便利 biànlì 형 편리하다 동 편리하게 하다

6급 便条 biàntiáo 명 쪽지, 메모

6급 便于 biànyú 동 (~하기에) 편리하다

6급 即便 jíbiàn 접 설령 ~하더라도 [할지라도 · 일지라도]

6급 以便 yǐbiàn 접 ~(하기에 편리)하도록, ~하기 위하여

pián

형 (값이) 싸다, 비만하다, 말주변이 좋다

2급 便宜 piányi 형 (값이) 싸다

便便 piánpián 형 1. 비만하다, 뚱뚱하다 2. 말주변이 좋다

009
泊

泊는 뜻에 따라 2가지 발음이 있다. **정박하다, 머무르다** 등의 뜻을 나타낼 때는 bó 로 발음하고, **호수의 이름**으로만 쓰이는 경우에 pō 로 발음한다.

bó

동 1. (배가) 정박하다, (배를) 물가에 대다 2. 머무르다
형 담담하다, 담박하다

泊位 bówèi 명 정박 위치

漂泊 piāobó 동 떠다니다, 유랑하다, 떠돌아다니다

6급 停泊 tíngbó 동 (배가) 정박하다, 머물다

pō

명 **호수, 늪** 주로 호수의 이름에 쓰임

泊地 pōdì 명 호반

6급 湖泊 húpō 명 호수

010

藏

藏은 뜻에 따라 2가지 발음이 있다. **무엇을 숨기다, 간직하다** 등의 뜻으로 쓰일 때는 cáng 으로 발음하고, **창고, 저장소, 불교나 도교 경전** 또는 **티베트** 등의 뜻으로 쓰일 때는 zàng 으로 발음한다.

cáng

동 1. 숨기다, 감추다 2. 간직하다, 저장하다

5급 躲藏 duǒcáng 동 숨다, 피하다

6급 收藏 shōucáng 동 1. 수장하다, 소장하다
2. 보관하다, 보존하다

6급 蕴藏 yùncáng 동 묻히다, 간직하다, 매장되다, 잠재하다

zàng

명 1. 창고, 저장소 2. 불교나 도교 경전의 총칭
3.티베트(Tibet), 티베트족, 장족

宝藏 bǎozàng 명 저장된 보물, 보물 창고

藏民 zàngmín 명 티베트 사람

011

曾

曾은 뜻에 따라 2가지 발음이 있다. 부사 형태의 **일찍이, 이전에**라는 의미로 쓰일 때는 céng 으로 발음하고 **자신과 두 세대를 사이에 둔 항렬관계**를 나타낼 때는 zēng 으로 발음한다.

céng

부 일찍이, 이전에, 이미

不曾 bùcéng 부 (일찍이) ~한 적이 없다

5급 曾经 céngjīng 부 일찍이, 이전에, 이미, 벌써

zēng

명 (친족 관계의) 증 자신과 두 세대를 사이에 둔 항렬

曾孙 zēngsūn 명 증손자

曾祖 zēngzǔ 명 증조부, 증조할아버지

C

012

差

差는 다음절 문자로, 발음에 따라 뜻과 쓰임이 다르다.

chā

명 1. 차이 2. [수학] 차 3. 착오, 잘못, 실수

부 문어 다소, 조금, 대략

5급	差距	chājù	명 차, 격차, 갭(gab)
5급	时差	shíchā	명 시차
6급	差别	chābié	명 차별, 차이, 구별, 격차
6급	偏差	piānchā	명 1. 편차, 오차 2. 오류, 편향
6급	误差	wùchā	명 오차

chà

3급

형 1. 다르다, 차이가 나다 2. 나쁘다, 좋지 않다 3. 틀리다, 잘못되다

동 부족하다, 모자라다

4급	差不多	chàbuduō	형 1. 거의 비슷하다, 큰 차이가 없다 2. 대충 되다 3. 일반적인, 보통의 부 거의, 대체로
6급	相差	xiāngchà	동 서로 차이가 나다, 서로 다르다

chāi

동 파견하다, 보내다

명 1. 공무, 직무 2. 파견된 사람, 심부름꾼

4급	出差	chūchāi	동 1. 출장가다 2. 임시 업무를 맡다
	差遣	chāiqiǎn	동 파견하다, 임명하다

013

刹

刹는 뜻에 따라 2가지 발음이 있다. **불교사찰** 이나 **순간, 짧은 시간**의 뜻으로 쓰일 때는 chà 로 읽고, **멈추다**의 뜻으로 쓰일 때는 shā 로 읽어야 한다.

chà

명 **1. 절, 사찰 2. 순간, 짧은 시간**

古刹 gǔchà 명 고찰, 오래 된 사찰

6급 刹那 chànà 명 찰나, 순간

shā

명 **1. 멈추다, 그치게 하다 2. 금지하다**

刹把 shābǎ 명 (자동차의) 핸드 브레이크

6급 刹车 shāchē 동 1.(자동차의) 브레이크를 걸다, 제동을 걸다
2.(동력의 차단으로) 기계를 정지시키다 [멈추다]

C

014
长

长은 뜻에 따라 2가지 발음이 있다. **시간이나 길이가 길다, 장점** 등의 뜻으로 쓰일 때는 cháng 으로 발음하고, **나이가 많다, 자라다, 성장하다** 또는 **장, 책임자** 등의 뜻으로 쓰일 때는 zhǎng 으로 발음해야 한다.

cháng
2급

형 1. (길이가) 길다 2. (시간이) 길다, 오래다 3. 능숙하다, 뛰어나다
명 1. 길이 2. 장점

5급	长途 chángtú	명 장거리, 먼 거리
5급	延长 yáncháng	동 (시간·거리 등) 연장하다, 늘이다
6급	漫长 màncháng	형 (시간·길 등이) 멀다, 길다, 지루하다
6급	擅长 shàncháng	동 장기[재간]이 있다, 정통하다, 뛰어나다 명 장기, 재간
6급	特长 tècháng	명 특기, 장점, 장기
6급	专长 zhuāncháng	명 특기, 전문 기술, 특수 기능

zhǎng
3급

형 1. 나이가 많다 2. 맏이의, 첫째의 3. 항렬이 높다
동 1. 나다, 생기다 2. 자라다, 성장하다 3. 증가하다, 증진하다
명 책임자, 장(長)

5급	成长 chéngzhǎng	동 성장하다, 자라다
5급	生长 shēngzhǎng	동 생장하다, 나서 자라다
5급	长辈 zhǎngbèi	명 (가족·친척 중) 손윗사람, 연장자
6급	董事长 dǒngshìzhǎng	명 이사장

015

朝

朝는 뜻에 따라 2가지 발음이 있다. **조정, 왕조, ~를 향하여, ~으로 향하다** 등의 뜻으로 쓰인 경우는 cháo 로 발음하고, **아침, 날** 등의 뜻으로 쓰인 경우에는 zhāo 라고 발음한다.

cháo

5급

명 1. 조정 2. 왕조
동 1. 뵙다, 알현하다 2. 참배하다 3. ~(으)로 향하다
개 ~을[를] 향하여, ~쪽으로

6급 朝代 cháodài 명 1. 왕조의 연대
2. (어떤) 시기, 시대, 때

朝向 cháoxiàng 개 ~향하여, ~쪽으로
명 (건물의) 방향
동 ~(으)로 향하다

zhāo

명 1. 아침 2. (하루)날

朝气 zhāoqì 명 1. 생기, 패기, 진취적 기상
2. 아침의 신선한 공기

6급 朝气蓬勃 zhāo qì péng bó
성어 생기가 넘쳐흐르다,
생기발랄하다

016

称

称은 뜻에 따라 2가지 발음이 있다. **어울리다, 적합하다**의 뜻으로 쓰일 때는 chèn 으로 읽고, **부르다, 무게를 달다, 칭찬하다, 호칭** 등의 뜻을 나타낼 때는 chēng 으로 읽는다.

chèn

동 1. 어울리다, 적합하다 2. (재물을) 소유하다

称心 chènxīn 동 마음에 들다, 만족하다

6급 称心如意 chèn xīn rú yì 성어 마음에 꼭 들다, 생각대로 되다

6급 对称 duìchèn 형 (도형이나 물체가) 대칭이다

chēng

5급

동 1. 부르다, 칭하다 2. (무게를) 측정하다, 달다 3. 말하다 4. 칭찬하다 5. 들다

명 명칭, 호칭 형 유명하다, 이름이 있다

5급 称呼 chēnghu 동 ~라고 부르다[일컫다] 명 (인간 관계상의) 호칭

5급 称赞 chēngzàn 동 칭찬하다

6급 称号 chēnghào 동 칭호

017

重은 뜻에 따라 2가지 발음이 있다. **중복하다, 겹치다, 거듭, 재차** 등의 뜻으로 쓰일 때는 chóng 으로 발음하고, **무겁다, 중하다, 중요하다, 중요시하다, 중량** 등의 뜻으로 쓰일 때는 zhòng 으로 발음한다.

chóng

동 1. 중복하다, 거듭하다 2. 겹치다, 쌓다

부 다시, 재차, 거듭

양 층, 겹 겹쳐진 것을 세는 단위

4급 重新 chóngxīn 부 1. 다시, 재차, 거듭 2. 새로(이)

5급 重复 chóngfù 동 1. 중복되다
2. 반복하다, 되풀이하다

6급 重叠 chóngdié 동 중첩되다, 중복되다

zhòng

4급

형 1. 무겁다 반의 轻 qīng 가볍다, 경미하다
2. 중요하다 3.(정도가) 심하다, 크다, 중하다
4. 장중하다, 신중하다

명 무게, 중량

동 중시하다, 중요시하다

5급 重大 zhòngdà 형 중대하다, 크다

5급 重量 zhòngliàng 명 [물리] 중량, 무게

6급 保重 bǎozhòng 동 건강에 주의하다, 몸조심하다
주로 남에게 건강에 주의하기를 바란다는 말로 쓰임

6급 比重 bǐzhòng 명 1.비중 2. [물리] 비중

6급 沉重 chénzhòng 형 1. (무게 · 기분 · 부담 등이) 몹시 무겁다
2. (정도가) 심하다, 심각하다

6급 举足轻重 jǔ zú qīng zhòng
성어 일거수일투족이 전체에 중대한 영향을 끼치다, 중요한 위치에 있다

6급 隆重 lóngzhòng 형 1.성대하다, 장중하다

6급 任重道远 rèn zhòng dào yuǎn
성어 맡은 바 책임은 무겁고, 갈 길은 아직도 멀다

6급 慎重 shènzhòng 형 신중하다

6급 郑重 zhèngzhòng 형 정중하다

6급 重心 zhòngxīn 명 1. [물리 · 수학] 중심, 무게중심
2. [비유] (일의) 중심, 중요한 부분, 핵심

6급 注重 zhùzhòng 동 중시하다

6급 庄重 zhuāngzhòng 형 장중하다, 위엄이 있다

6급 着重 zhuózhòng 동 힘을 주다, 강조하다, 역점을 두다

018
处

处는 뜻에 따라 2가지 성조가 있다. **동사 다른 사람과 함께 지내다, 처하다, 처리하다** 등의 뜻으로 쓰일 때는 제3성 chǔ 라고 발음하고, **명사 곳, 장소, 처** 등의 뜻으로 쓰일 때는 제4성 chù 라고 발음한다.

chǔ

동 1. 다른 사람과 함께 지내다, 생활하다
2. (어떤 상황에) 처하다 3. 처리하다 4. 처벌하다
5. 문어 살다, 거주하다

5급 处理 chǔlǐ 동 1. 처리하다, (문제를) 해결하다
2. 처벌하다
3. (내린 가격 또는 시가로) 물건을 처분하다

5급 相处 xiāngchǔ 동 함께 살다[지내다]

6급 处分 chǔfèn 동 1. 처벌하다 2. 처분하다

6급 处境 chǔjìng 명 (처해 있는) 상태, 상황, 처지, 환경
주로 불리한 상황에 놓여있음을 말함

6급 处置 chǔzhì 동 1. 처치하다, 처분하다, 처리하다
2. 처벌하다

chù

명 1. 곳, 장소 2. 처 기관·단체 내의 조직 단위 3. 부분, 점

4급 到处 dàochù 명 도처, 곳곳, 가는 곳, 이르는 곳

4급 好处 hǎochu 명 이로운 점, 이점, 장점
반의 坏处 huàichu 나쁜 점, 결점

6급 恰到好处 qià dào hǎo chù
성어 (말·행동 등이) 꼭 들어맞다, 아주 적절하다, 매우 적합하다

C

019 传

传은 뜻에 따라 2가지 발음이 있다. **전하다, 전하여 내려오다** 라는 의미를 나타낼 때는 chuán 으로 발음하고, **전기** 또는 **~전** 과 같이 책의 표제의 의미를 나타낼 때는 zhuàn 으로 발음한다.

chuán

동 1. 전하다 2. 전수하다 3. 전파하다, 퍼뜨리다
4. [물리] 전도하다 5. (감정 등을) 나타내다, 표현하다
6. 호출하다, 소환하다 7. 전염되다

5급 传播 chuánbō 동 전파하다, 널리 퍼뜨리다
명 전파, 보급

5급 传染 chuánrǎn 동 전염하다, 감염하다, 옮다

5급 传说 chuánshuō 명 전설 동 이리저리 말이 전해지다

5급 传统 chuántǒng 명 전통

6급 传达 chuándá 동 전하다, 전달하다
명 1. (공공기관의) 접수
2. 접수원, 수위

6급 传单 chuándān 동 전단(지)

6급 传授 chuánshòu 동 전수하다, 가르치다

zhuàn

명 1. 전, 경서의 주해 경서에 대한 옛 학자의 전통적인 주해
2. 전기

6급 传记 zhuànjì 명 전기 한 사람의 일대기를 기록한 것

自传 zìzhuàn 명 자서전

020

创

创은 뜻에 따라 2가지 성조가 있다. **상처, 손상** 등의 뜻으로 쓰일 때는 제1성 chuāng 으로 발음하고, **처음으로 만들다, 창조하다** 등의 뜻으로 쓰일 때는 제4성 chuàng 으로 발음한다.

chuāng

명 **상처, 손상**

创伤 chuāngshāng 명 외상, 상처

创痕 chuānghén 명 상처 자국, 흉터

chuàng

동 **시작하다, 처음으로 만들다, 창조하다**

5급 创造 chuàngzào 동 창조하다, 발명하다, 만들다

6급 创立 chuànglì 동 창립하다, 창설하다, 창건하다

6급 创新 chuàngxīn 동 옛 것을 버리고 새 것을 창조하다 명 창조성, 창의성

6급 创业 chuàngyè 동 창업하다

6급 创作 chuàngzuò 동 창작하다

D

021
答

答는 뜻은 같은데 2개의 다른 성조가 있다. 보통 **대답하다**의 뜻으로 쓰일 때는 제2성 dá 로 읽고, **答理** dāli **상대해주다**와 같이 단어 조성에서 합성어 **合成词** 로 쓰일 때는 제1성 dā 로 읽는다.

dā

동 **뜻은 '答 dá 대답하다'와 같은데, 경우에 따라 dā로 읽는다.**

	答答 dādā	의성어 딱딱, 뚝뚝 물건이 부딪치는 소리 형 부끄러워하는 모양
	答理 dāli	동 상대해주다, 응대하다
5급	答应 dāying	동 1. 대답하다, 응답하다 2. 동의하다, 승낙하다

dá

동 **1. 대답하다 2. 보답하다, 답례하다**

6급	报答 bàodá	동 보답하다, 감사를 표하다
6급	答辩 dábiàn	명 동 답변(하다)
6급	答复 dáfù	명 동 회답(하다), 답변(하다)

022 担

担은 뜻에 따라 2가지 성조가 있다. **메다, 담당하다** 등의 뜻으로 쓰이는 경우는 제1성 dān 으로 읽고, **짐** 혹은 **중량의 단위**의 뜻으로 쓰이는 경우는 제4성 dàn 으로 읽는다.

dān

동 1. 메다, 지다 2. (책임이나 일을) 맡다, 담당하다

- 5급 承担 chéngdān 동 맡다, 담당하다, 책임지다
- 5급 担任 dānrèn 동 맡다, 담임하다, 담당하다
- 6급 担保 dānbǎo 동 보증하다, 담보하다
- 6급 负担 fùdān 명 동 부담(하다), 책임(지다)

dàn

명 1. 짐, 책임 2. 1석(石) 중량 100근을 一担 yídàn 이라고 함

양 ~짐 멜대로 메는 짐을 세는 단위

- 担杖 dànzhàng 명 멜대
- 担子 dànzi 명 1. 짐 2. 책임, 부담

023

当은 뜻에 따라 2가지 성조가 있다. **상당하다, 담당하다, 감당하다, 바로 그 때, 바로 그 곳** 등의 뜻으로 쓰이는 경우는 제1성 dāng 으로 읽고, **적당하다, 알맞다, ~으로 여기다, 저당물, 속임수** 등의 뜻으로 쓰이는 경우는 제4성 dàng 으로 읽는다.

dāng

4급

동 1. 상당하다, 서로 어울리다, 필적하다
2. 담당하다, 맡다, ~이 되다
3. 맡아보다, 관리하다
4. 감당하다
5. ~을 마주 대하다

조동 당연히[반드시] ~해야 한다

개 바로 그 때, 바로 그 곳 바로 그 시간이나 그 장소를 가리킬 때 쓰임

5급 当地 dāngdì
명 현지, 현장, 그 지방

5급 当心 dāngxīn
동 조심하다, 주의하다
명 1. 한가운데, 정중앙
2. 가슴 한복판

5급 相当 xiāngdāng
형 1. 상당하다, 맞먹다, 엇비슷하다, 대등하다
2. 적합하다, 적당하다, 알맞다
부 상당히, 무척, 꽤

6급 当场 dāngchǎng
부 당장, 그 자리에서, 즉석에서, 현장에서

6급 当初 dāngchū
명 당초, 맨 처음, 이전
주로 부사적으로 쓰임

6급 当代 dāngdài
명 당대, 그 시대

6급 当面 dāngmiàn 부 당면하여, 직접 맞대어, 마주보고

6급 当前 dāngqián 명 눈앞, 목전 동 직면하다

6급 当事人 dāngshìrén
명 1. 당사자, 관계자
2. [법률]소송 당사자

6급 当务之急 dāng wù zhī jí
성어 급선무, 당장 급히 해야 할 일

6급 当选 dāngxuǎn 동 당선되다

dàng

형 **적합하다, 적당하다, 알맞다**

동 **1. ~에 해당하다 2. ~으로 여기다**
3. ~라고 생각하다 4. 저당 잡히다

명 **1. 저당물 2. 전당포 3. 궤계, 속임수**

5급 上当 shàngdàng 동 속다, 속임수에 걸리다

6급 恰当 qiàdàng 형 알맞다, 적절하다, 적당하다, 합당하다

6급 妥当 tuǒdang 형 타당하다, 알맞다, 적당하다

024

倒

倒는 뜻에 따라 2가지 성조가 있다. **넘어지다, 쓰러지다** 등의 뜻으로 쓰일 때는 제3성 dǎo 라고 읽고, **거꾸로 되다, 도리어, 오히려** 등의 뜻으로 쓰일 때는 제4성 dào 로 읽어야 한다.

D

dǎo

동 1. 넘어지다, 쓰러지다
2. (사업이) 실패하다, 도산하다, 망하다
3. (정부 등을) 무너뜨리다 4. 바꾸다, 전화하다
5. 이동하다, 움직이다 6. 넘기다, 양도하다

5급 倒霉 dǎoméi 형 재수 없다, 운수 사납다, 불운하다
동 재수 없는 일을 당하다

5급 摔倒 shuāidǎo 동 쓰러지다, 넘어지다, 자빠지다

6급 倒闭 dǎobì 동 (상점·회사·기업 등이) 도산하다

6급 颠倒 diāndǎo 동 1. (상하·전후의 위치가) 뒤바뀌다, 전도되다
2. 착란하다, 뒤섞여서 어수선하다

dào

4급

동 1. 거꾸로 되다[하다], 뒤집(히)다 2. 후퇴하다
3. 붓다, 따르다, 쏟다

부 1. 오히려, 도리어 2. ~하지만, ~이지만 역접
3. ~이라도, ~일지라도 양보
4. 아무튼, 빨리, 도대체 재촉·추궁

倒是 dàoshì 부 1. 오히려, 도리어, 의외로
2. ~하지만, ~이지만 역접·전환
3. ~이라도, ~일지라도 양보
4. 아무튼, 빨리, 도대체 재촉·추궁

倒退 dàotuì 동 뒤로 물러나다, 후퇴하다, 뒷걸음치다, (시간을) 거슬러 올라가다

025

得

得는 쓰임에 따라 3가지 발음이 있다. 대체로 **동사 얻다, 획득하다**의 뜻으로 쓰일 때는 dé 라고 발음하고, **조사**로 쓰일 때는 de 라고 발음하며, **조동사 ~해야 한다**의 뜻으로 쓰일 때는 děi 로 발음한다.

dé

4급

동 1. 얻다, 획득하다 반의 **失** shī 잃다
2. 계산하여 값을 얻다
3. 득의하다
4. 완성하다, 다 되다

형 알맞다, ~할만하다, 좋다

6급 不得已 bùdéyǐ
형 부득이하다, 마지못하다, 어쩔 수 없이

6급 得不偿失 dé bù cháng shī
성어 얻는 것보다 잃는 것이 더 많다

6급 得力 délì 동 도움을 받다, 힘을 입다
형 1. 효과 있다, 효력 있다 2. 유능한

6급 得天独厚 dé tiān dú hòu
성어 특별히 좋은 조건을 갖추다, 처한 환경이 남달리 좋다

6급 得罪 dézuì 동 1. (남의) 미움을 사다, 노여움을 사다, 기분을 상하게 하다
2. 실례하다, 죄를 짓다, 잘못하다
사과할 때 쓰는 말

6급 心得 xīndé 명 심득, 소감, 느낌

6급 一举两得 yì jǔ liǎng dé 성어 일거양득

de

2급

조 1. 동사 뒤에 쓰여 가능을 나타냄
2. 동사와 보어 사이에 쓰여 가능을 나타냄
3. 동사나 형용사 뒤에서 결과나 정도를 나타내는 보어를 연결해줌
4. 동사의 뒤에 쓰여 동작이 이미 완성됨을 나타냄

급	단어	병음	뜻
5급	怪不得	guàibude	부 과연, 어쩐지 동 책망할 수 없다, 탓할 수 없다
5급	显得	xiǎnde	동 (어떤 상황이) 드러나다, ~하게 보이다, ~인 것 같다
6급	巴不得	bābude	동 구어 갈망하다, 간절히 바라다
6급	不由得	bùyóude	동 허용하지 않다, ~하지 않을 수 없다 부 저절로, 자연히, 저도 모르게
6급	免得	miǎnde	접 ~하지 않도록, ~않기 위해서

děi

조동 1. ~해야 한다 2. ~임에 틀림없다
동 필요하다, 걸리다

· 如果今天不交，就得扣分。
Rúguǒ jīntiān bù jiāo jiù děi kòufēn
만약 오늘 제출하지 않으면 틀림없이 감점이 될 거에요.

026

的

的는 다음절 문자로, 발음에 따라 뜻과 쓰임이 다르다. 주로 de 로 발음하여 다양한 조사로 활용된다.

de

1급

조 **~의, ~한**

관형어와 중심어 사이에 종속 관계 또는 수식 관계를 나타냄

别的 biéde 명 다른 것, 다른 사람

5급 似的 shìde 조 ~와 같다, ~와 비슷하다
명사 · 대사 · 동사 뒤에서 어떤 사물이나 상황과 서로 비슷함을 나타냄

dí

부 문어 **정말로, 확실히, 실제로**

5급 的确 díquè 부 확실히, 정말, 참으로

的士 díshì 명 택시(taxi)

dì

명 **과녁, 대상, 목표**

4급 目的 mùdì 명 목적

中的 zhòngdì 명 1. 표적에 명중하다, 과녁을 맞히다
2. 핵심을 찌르다

D

027

地

地는 뜻과 쓰임에 따라 2가지 발음이 있다. **땅, 토지, 장소, 지위** 등의 뜻으로 쓰일 때는 dì라고 발음하고, **조사**로 쓰일 때는 de 라고 발음한다.

dì

명 **1. 땅, 육지 2. 토지, 전지 3. 장소, 곳, 지방 4. 지구, 대지 5. 지점 6. 바닥 7. 지위, 처지, 형편**

5급 地道 dìdao 형 1. 명산지의, 본고장의
2. (일이나 재료의 질이) 알차다, 질이 좋다
3. 순수한, 진짜의

5급 地理 dìlǐ 명 1. [지리] 지리 2. 지리학

5급 地区 dìqū 명 1. 지역 2. 지구(**地區**)

5급 地毯 dìtǎn 명 양탄자, 카펫, 융단

5급 地位 dìwèi 명 1. (사회적) 지위, 위치
2. (사람이나 물건이 차지한) 자리

5급 地震 dìzhèn 명 [지리] 지진

6급 地步 dìbù 명 1. 형편, 지경, 처지 2. 여지
3. (도달한) 정도, 지경

6급 地势 dìshì 명 지세, 땅의 형세

6급 地质 dìzhì 명 [지리] 지질

de

3급

조 **관형어로 쓰이는 단어나 구 뒤에 쓰여 그 단어나 구가 동사 또는 형용사를 수식할 경우에 쓰인다.**

· 我听不清楚，请慢慢地说。
Wǒ tīng bù qīngchu, qǐng mànmànde shuō
잘 안 들리는데, 천천히 말씀해 주세요.

028

调

调는 뜻에 따라 2가지 발음이 있다. **이동하다, 악센트, 어조, 조** 등의 뜻으로 쓰일 때는 diào라고 읽고, **조정하다, 조절하다** 등의 뜻으로 쓰일 때는 tiáo 로 읽어야 한다.

diào

동 1. 이동하다, 파견하다, 소환하다 2. 조사하다

명 1. 악센트, 어조 2. [음악] 조 3. 가락, 멜로디 4. 성조 5. 논조

5급 单调 dāndiào 형 단조롭다

5급 声调 shēngdiào 명 1. 성조 2. 어조, 말투, 음색, 톤(tone)

6급 调动 diàodòng 동 1. 옮기다, 이동하다 2. 동원하다
명 인사이동

tiáo

동 1. 고루 섞다 2. 조정하다, 조절하다 3. 화해시키다 4. 놀리다 5. 도발하다, 부추기다

형 고르다, 알맞다, 적당하다, 적절하다

5급 调皮 tiáopí 동 1. 장난치다, 까불다 2. 요령을 부리다
형 말을 잘 듣지 않다, 다루기 어렵다

5급 调整 tiáozhěng 동 조정하다, 조절하다

6급 调和 tiáohé 형 어울리다, 조화롭다
동 1. 화해시키다, 중재하다 2. 타협하다, 양보하다

6급 调剂 tiáojì 동 1. 조절하다, 조정하다 2. 조제하다

6급 调节 tiáojié 동 조절하다

6급 调解 tiáojiě 명동 조정(하다), 중재(하다), 화해(시키다)

6급 调料 tiáoliào 명 조미료, 양념

029

恶

恶는 다음절 문자로, 발음에 따라 뜻과 쓰임이 다르다.

ě

독자적으로 사용할 수 없으며, 恶心 등을 구성하는 단어로 쓰인다.

6급 恶心 ěxin 동 1. 오심이 일어나다, 구역질이 나다
2. 혐오감을 일으키다

è

형 1. 흉악하다, 흉포하다 2. 악하다, 나쁘다
부 몹시, 대단히, 매우
명 악행

5급 恶劣 èliè 형 아주 나쁘다, 열악하다

6급 丑恶 chǒu'è 형 추악하다

6급 恶化 èhuà 동 악화되다, 악화시키다

6급 凶恶 xiōng'è 형 흉악하다

wù

동 1. 싫어하다, 미워하다, 증오하다
2. 화나게 하다, 기분 상하게 하다

6급 可恶 kěwù 형 밉다, 밉살스럽다, 가증스럽다

6급 厌恶 yànwù 동 혐오하다, 몹시 싫어하다
유의 讨厌 tǎoyàn 싫어하다, 미워하다
반의 喜欢 xǐhuan 좋아하다

030 发

发는 뜻에 따라 2가지 성조가 있다. 여러 가지 의미의 동사로 쓰일 때는 제1성 fā 라고 읽고, **명사 머리카락, 두발**의 뜻으로 쓰일 때는 제4성 fà 로 읽어야 한다.

fā
3급

동 1. 보내다, 발송하다 2. 쏘다, 발사하다
3. 발생하다, 생기다 4. 표현하다, 말하다
5. 발산하다, 드러내다 6. 출발하다

5급 发表 fābiǎo 명동 발표(하다)
동 [의학] 체내의 독기를 발산시키다

5급 发愁 fāchóu 동 걱정하다, 근심하다

5급 发达 fādá 동 1. 발달하다, 발전하다, 향상하다, 번성하다
2. 발달[발전]시키다

5급 发抖 fādǒu 동 (벌벌 · 덜덜) 떨다, 떨리다

5급 发挥 fāhuī 동 1. 발휘하다
2. (의견이나 도리를) 충분히 잘 나타내다, 표현하다

5급 发明 fāmíng 명동 발명(하다)
동 문어 설명하다, 분명하게 나타내다

5급 发票 fāpiào 명 영수증

5급 发言 fāyán 명동 발언(하다)

6급 发布 fābù 동 발포하다, 선포하다

6급 发财 fācái 동 돈을 벌다, 부자가 되다, 재산을 모으다

6급 发呆 fādāi 동 멍하다, 어리둥절하다

6급 发动 fādòng 동 1. 개시하(게 하)다 2. 행동하게 하다 3. 시동을 걸다, (기계를) 돌아가게 하다

6급 发觉 fājué 동 발견하다, 알아차리다

6급 发射 fāshè 동 쏘다, 발사하다, 방출하다

6급 发誓 fāshì 동 맹세하다

6급 发行 fāxíng 동 1. 발행하다 2. 발매하다 3. (영화를) 배급하다

6급 发炎 fāyán 동 [의학] 염증을 일으키다

6급 发扬 fāyáng 동 1. 발양하다, 발양시키다 2. 발휘하다

6급 发育 fāyù 명 동 발육(하다)

fà

명 **머리카락, 두발**

3급 头发 tóufa 명 머리카락, 두발

4급 理发 lǐfà 동 이발하다, 머리를 깎다

031

分

分은 뜻에 따라 2가지 성조가 있다. **동사 나누다, 분배하다** 등과 같은 뜻이나 **분, 푼, 점**과 같은 단위를 나타낼 때는 제1성 fēn 으로 발음하고, **성분, 본분**의 뜻으로 쓰일 때는 제4성 fèn 으로 발음한다.

fēn

3급

동 1. 나누다, 구분하다 2. 분배하다, 할당하다
3. 분별하다, 가리다

명 1. 분수 2. 부분, 갈라져 나온 것

양 분, 푼, 편, 점, 할
길이·면적·중량·화폐·시간·각도·점수이율 등을 나타내는 단위

5급 分别 fēnbié 동 헤어지다, 이별하다
명 동 구별(하다), 식별(하다)
명 다름, 차이, 차별
부 각각, 따로따로

5급 分布 fēnbù 동 분포하다, 널려 있다

5급 分配 fēnpèi 명 동 1. 분배(하다), 배급(하다), 할당(하다)
2. 배치(하다), 배속(하다), 안배(하다)

5급 分手 fēnshǒu 동 헤어지다, 이별하다

5급 分析 fēnxī 명 동 분석(하다)

6급 分辨 fēnbiàn 동 분별하다, 구분하다
명 [물리]분해

6급 分寸 fēncun 명 (일이나 말의) 분별, 분수, 한계, 한도

6급 分红 fēnhóng 동 (기업에서) 이익을 분배하다

6급 分解 fēnjiě 동 1. 분해하다 2. [화학] 분해하다
3. (분쟁을) 해결하다, 화해시키다
4. 분열[와해]되다
5. 해설하다, 설명하다

6급 分裂 fēnliè 명 동 분열(하다), 결별(하다)
동 분열시키다

6급 分泌 fēnmì 동 [생물] 분비하다

6급 分明 fēnmíng 형 명확하다, 분명하다, 확실하다
부 명백히, 분명히

6급 分歧 fēnqí 동 (사상·의견 등이) 어긋나다, 엇갈리다, 갈라지다
명 (사상·의견 등의) 불일치, 상이, 다름

6급 分散 fēnsàn 동 분산하다, 흩어지다

fèn

명 **1. 성분 2. 본분, 직분 3. 인연, 연분**

5급 成分 chéngfèn 명 1. 성분, 요소 2. 출신, 계급, 신분

5급 充分 chōngfèn 형 충분하다 **주로 추상적 사물에 쓰임**
부 충분히, 완전히, 십분

5급 过分 guòfèn 동 지나치다, 과분하다

6급 分量 fènliàng 명 1.분량, 무게 2. (말의) 무게, 뜻

032

干

干은 뜻에 따라 2가지 성조가 있다. **마르다, 건조하다** 등의 뜻으로 쓰일 때는 제1성 gān 으로 발음하고, **사물의 주요부분, 줄기, 일을 하다, 유능 하다** 등의 뜻으로 쓰일 때는 제4성 gàn 으로 발음한다.

gān

형 건조하다, 마르다 동 깨끗이 비우다, 텅 비다
부 공연히, 헛되이 명 1. 옛날의 방패 2. 말린 음식

5급 干脆 gāncuì 형 명쾌하다, 시원스럽다 부 차라리, 아예

5급 干燥 gānzào 형 건조하다 동 말리다, 건조시키다

6급 干旱 gānhàn 명 가뭄

6급 干扰 gānrǎo 동 1. 방해하다, 교란시키다
명 [물리] (전파·신호) 방해

6급 干涉 gānshè 명 동 1. 간섭(하다) 2. 관계(하다)

6급 干预 gānyù 명 동 관여(하다), (참견)하다, 개입(하다)

6급 若干 ruògān 명 약간, 조금

gàn

4급

명 1. (사물의) 주요 부분, 줄기 2. 간부 3. 일, 용무
동 1. 일을 하다 2. 담당하다, 맡다
형 유능하다, 능력 있다

5급 干活儿 gàn huór 형 (육체적인) 일을 하다

5급 能干 nénggàn 형 유능하다, 솜씨 있다, 일을 잘 하다

6급 才干 cáigàn 명 재간, 재능, 능력

6급 干劲 gànjìn 명 (일을 하려는) 의욕, 열정, 열의

6급 骨干 gǔgàn 명 1. 골간
2. [비유] 전체 중 주요한 핵심적인 부분

033
给

给는 뜻에 따라 2가지 발음이 있다. 동사 **주다**, 또는 개사 **~에게** 등의 뜻으로 쓰일 때는 gěi 로 읽고, **공급하다** 등의 뜻으로 쓰일 때는 jǐ 로 읽어야 한다.

gěi
2급

동 주다
개 1. ~에게, ~을 향하여 2. (~에게) ~을 당하다

交给 jiāogěi 동 (~에게) 교부하다, 건네주다, 맡기다

发给 fāgěi 동 발급하다, 지급하다, 교부하다

jǐ

동 공급하다 형 넉넉하다, 풍족하다

6급 供给 gōngjǐ 명 동 공급(하다), 급여(하다)

6급 给予 jǐyǔ 동 문어 주다

034 更

更은 뜻에 따라 2가지 성조가 있다. **고치다, 변경하다, 경**(시간) 등을 나타낼 때는 제1성 gēng 으로 읽고, **더욱 더**와 같이 부사적인 의미로 쓰일 때는 제4성 gèng 으로 읽어야 한다.

gēng

동 **바꾸다, 고치다** 명 **경** 시간 단위

变更 biàngēng 명 동 변경(하다), 개변(하다), 고치다

6급 更新 gēngxīn 동 1. 갱신하다, 새롭게 바뀌다 2. 혁신하다

6급 更正 gēngzhèng 동 잘못을 고치다, 정정하다 명 정정

6급 自力更生 zì lì gēng shēng 성어 자력갱생(하다)

gèng

3급

부 **1. 더욱, 한층 더 2. 다시, 또한, 게다가, 되풀이해서**

更加 gèngjiā 부 더욱 더, 한층

更是 gèngshì 부 더욱 더, 보다 더

035

供

供은 뜻에 따라 2가지 성조가 있다. **제공하다, 공급하다**의 뜻으로 쓰일 때는 제1성 gōng 으로 읽고, **(제물을) 바치다, 자백하다**의 뜻으로 사용할 때는 제4성 gòng 으로 읽어야 한다.

G

gōng

명 동 **공급(하다), 제공(하다)**

4급 提供 tígōng 동 제공하다

6급 供不应求 gōng bù yìng qiú 성어 공급이 수요를 따르지 못하다

6급 供给 gōngjǐ 명 동 공급(하다), 급여(하다)

gòng

동 **1. (제물을) 바치다 2. 자백하다**
명 **1. 공물, 제물 2. 자백**

供奉 gòngfèng 동 공양하다, 모시다
명 옛 궁중의 예인(藝人)

供状 gòngzhuàng 동 공술서, 진술서

036

观

观은 뜻에 따라 2가지 성조가 있다. **보다, 경치, 견해** 등의 뜻으로 사용되었을 때는 제1성 guān으로 읽고, **도교 사원**의 뜻으로 쓰일 때는 제4성 guàn 으로 읽는다.

guān

동 보다, 구경하다 명 1. 모습, 경치, 풍경 2. 견해, 관점

5급	悲观	bēiguān	형 비관적이다
5급	观察	guānchá	동 관찰하다, 살피다 명 관찰
5급	观点	guāndiǎn	명 관점, 견해
5급	观念	guānniàn	명 관념, 생각
5급	客观	kèguān	형 명 객관(적인)
5급	主观	zhǔguān	형 명 주관(적인)
6급	观光	guānguāng	동 관광하다, 참관하다, 견학하다
6급	宏观	hóngguān	형 1.[물리] 거시적인, 매크로(macro) 2. 거시적
6급	可观	kěguān	형 1. 가관이다, 볼 만하다 2. 대단하다, 훌륭하다
6급	美观	měiguān	형 보기 좋다, 예쁘다, 아름답다
6급	微观	wēiguān	형 미시적(인)
6급	壮观	zhuàngguān	명 형 장관(이다)

guàn

명 도교 사원

	道观	dàoguàn	명 도교 사원

H

037

还

还는 뜻에 따라 2가지 발음이 있다. **부사 아직, 여전히, 더, 더욱** 등의 뜻으로 사용되었을 때는 hái 로 발음하고, **돌아가다[오다], 돌려주다** 등의 뜻으로 쓰일 때는 huán 으로 발음한다.

hái
2급

부 1. 아직도, 여전히 2. 더, 더욱
3. 또, 더, 게다가 4. ~뿐만 아니라 ~도
5. ~도, ~조차, ~까지도
6. 그만하면, 그런대로, 꽤

3급 还是 háishi 부 1. 아직도, 여전히
2. ~하는 편이 좋다
접 또는, 아니면 선택의문문에 쓰임

还有 háiyǒu 접 그리고, 또한

huán
3급

동 1. 돌아가다, 돌아오다 2. 돌려주다, 갚다, 반납하다
3. 갚다, 보답하다 4. 값을 깎다

5급 讨价还价 tǎo jià huán jià
성어 값을 흥정하다

6급 偿还 chánghuán 동 상환하다, 갚다

6급 归还 guīhuán 동 돌려주다, 반환하다

6급 还原 huányuán 동 1. 환원하다, 원상회복하다
2. [화학] 환원하다

038

号

号는 뜻에 따라 2가지 성조가 있다. **소리 지르다, 큰 소리로 울다** 등의 뜻으로 쓰일 때는 제2성 háo로 발음하고, **번호, 호, 기호** 등의 뜻으로 쓰일 때는 제4성 hào 로 발음한다.

háo

동 1. 소리 지르다 2. 큰 소리로 울다

哀号 āiháo 동 통곡하다

号叫 háojiào 동 소리치다, 큰 소리로 외치다

hào

1급

명 1. 번호 2. ~호, 사이즈
3. 이름, 명칭 4. 표시, 기호, 신호
5. (사람의) 호 6. ~일 날짜
7. 명령, 호령

5급 挂号 guàhào 동 1.등록하다, 접수시키다, 수속하다
2.등기로 부치다

5급 信号 xìnhào 명 신호

6급 符号 fúhào 명 부호, 기호

6급 号召 hàozhào 명 동 호소(하다)

039
和

和는 다음절 문자로, 발음에 따라 뜻과 쓰임이 다르다.

hé
1급

형 1. 조화롭다, 화목하다
2. 부드럽다, 온화하다, 따뜻하다
3. 화평하다

동 화해하다, 화의하다 개 ~와[과] 접 ~와[과]

명 [수학] 합

5급 和平 hépíng 명 평화
형 1. 평화롭다
2. 순하다, 부드럽다
3. 평온하다, 차분하다

6급 饱和 bǎohé 동 포화 상태에 이르다
명 [화학] 포화

6급 共和国 gònghéguó 명 공화국

6급 和蔼 hé'ǎi 형 상냥하다, 부드럽다

6급 和解 héjiě 동 화해하다

6급 和睦 hémù 형 화목하다

6급 和气 héqi 형 1. (태도가) 온화하다, 부드럽다, 상냥하다
2. 화목하다
명 화기, 화목한 감정

6급 和谐 héxié 형 잘 어울리다, 조화롭다, 잘 맞다

6급 缓和 huǎnhé 동 1. 완화시키다, 완화하다
2. 완화되다, 느슨해지다

6급	柔和 róuhé	형	연하고 부드럽다
6급	温和 wēnhé	형	1.(기후가) 온화하다, 따뜻하다 2.(성품 · 태도 등이) 온화하다, 부드럽다
6급	总和 zǒnghé	명	총계, 총화, 총수

hè

동 1. 다른 사람을 따라 하다, 부화하다
2. (다른 사람의 시에) 화답하다
3. (화음이 되게) 따라 부르다

6급	附和 fùhè	동	남의 언행을 따라하다, 부화하다
	附和雷同 fù hè léi tóng	성어	부화뇌동

hú

동 (마작이나 트럼프에서) 나다, 이기다

huó

동 개다, 이기다, 반죽하다

和面 huómiàn 동 밀가루를 반죽하다

huò

동 섞다, 젓다, 배합하다

양 번, 차례 약을 달이거나 세탁할 때 물을 간 횟수

huo

暖和 에서 和의 구어음

4급	暖和 nuǎnhuo	형	따뜻하다
		동	따뜻하게 하다, 불을 쬐다

040 横

横은 뜻에 따라 2가지 성조가 있다. **가로의, 횡의** 등과 같은 뜻으로 쓰일 때는 제2성 héng 으로 읽고, **난폭하다, 방자하다, 뜻밖의** 등의 뜻으로 쓰이는 경우는 제4성 hèng 으로 읽어야 한다.

héng

6급

형 **가로의, 횡의** 동 **가로로 하다, 가로놓다**

반의 **纵** zòng, **竖** shù 세로의, 종의

横排 héngpái 동 옆으로 배열하다

6급 纵横 zònghéng 명 종횡, 가로 세로
형 자유자재하다, 자유분방하다
동 거침없이 내닫다, 종횡무진하다

hèng

형 **1. 난폭하다, 횡포하다, 방자하다 2. 불길한, 뜻밖의**

横暴 hèngbào 형 횡포하다, 난폭하다

横财 hèngcái 명 횡재

横生横气 hèng shēng hèng qì
오만무례하게 소리치는 모양

041 会

会는 뜻에 따라 2가지 발음이 있다. **~할 수 있다, 모이다, 회, 모임** 등과 같은 뜻으로 쓰일 때는 huì로 발음하고, **회계하다, 통계하다**의 뜻으로 쓰이는 경우에만 kuài 로 발음한다.

huì

1급

조동 1. ~할 수 있다 유의 能 néng ~할 수 있다
2. ~를 잘 하다 3. ~할 가능성이 있다, ~할 것이다

동 1. 모이다 2. 만나다 3. 이해하다 4. 능숙하다

명 1. 회, 모임 2. 회, 단체 3. 시기, 기회 4. 잠깐 동안, 짧은 시간

5급 体会 tǐhuì 동 체득하다, 경험하여 알다
명 (체험에서 얻은) 느낌, 경험, 얻은 것

5급 宴会 yànhuì 명 연회, 파티

6급 博览会 bólǎnhuì 명 박람회

6급 会晤 huìwù 동 만나다, 회견하다

6급 聚精会神 jù jīng huì shén
성어 정신을 집중하다, 전심하다, 열중하다

6급 领会 lǐnghuì 동 깨닫다, 이해하다, 파악하다, 납득하다

6급 省会 shěnghuì 명 성도(省都), 성 정부 소재지

6급 协会 xiéhuì 명 협회

kuài

명 동 통계(하다), 합계(하다)

5급 会计 kuàijì 동 회계하다 명 회계, 경리

会计师 kuàijìshī 명 회계사

042
夹

夹는 뜻에 따라 3가지 발음이 있다. **끼우다, 집다, 뒤섞다, 집게, 클립** 등과 같은 뜻으로 쓰일 때는 jiā 로 발음하고, **(두)겹의**라는 뜻으로 쓰일 때는 jiá 라고 발음한다. gā 로 발음하는 경우는 단지 **夹肢窝** gāzhiwō 로 쓰일 때뿐이다.

jiā

동 1. 끼우다, 집다 2. 겨드랑이에 끼다
3. 둘 사이에 놓이다, 사이에 두다
4. 섞다, 뒤섞(이)다, 혼합하다

명 클립, 집게, 폴더

5급	夹子	jiāzi	명 집게, 끼우개, 클립, 폴더, 바인더
6급	夹杂	jiāzá	동 혼합하다, 뒤섞(이)다

jiá

형 (두) 겹의 주로 옷·이불 등을 가리킬 때 쓰임

夹被	jiábèi	명 겹이불
夹裤	jiākù	명 겹바지

gā

夹肢窝 로 쓰일 때만 gā로 발음

夹肢窝 gāzhiwō 명 겨드랑이

043
假

假는 뜻에 따라 2가지 성조가 있다. **가짜의, 거짓의** 등과 같은 뜻으로 쓰일 때는 제3성 jiǎ 로 발음하고, **휴가, 휴일** 등의 뜻으로 쓰이는 경우는 제4성 jià 로 발음한다.

jiǎ

4급

명 형 가짜(의), 거짓(의)

동 1. 가정하다 2. 빌(리)다, 꾸다

부 가짜로, 거짓으로

접 만약, 가령

5급	假如	jiǎrú	접 만약, 만일, 가령
5급	假设	jiǎshè	동 1. 가정하다 2. 꾸며 내다 명 가설, 가정
5급	假装	jiǎzhuāng	동 가장하다, (짐짓) ~체하다
6급	虚假	xūjiǎ	형 거짓의, 허위의, 가짜의

jià

명 휴가, 휴일

3급	请假	qǐngjià	동 휴가를 신청하다
4급	放暑假	fàngshǔjià	동 여름 방학을 하다
4급	寒假	hánjià	명 겨울 방학

044

间

间은 뜻에 따라 2가지 성조가 있다. **중간, 일정한 공간** 등의 뜻으로 쓰일 때는 제1성 jiān 으로 읽고, **틈, 사이** 등의 뜻으로 쓰일 때는 제4성 jiàn 으로 읽는다.

jiān

명 1. 사이, 중간, 가운데 2. 방, 실 양 ~칸 방을 세는 단위

6급 民间 mínjiān 명 민간

6급 人间 rénjiān 명 인간 세상

6급 瞬间 shùnjiān 명 순간, 눈 깜짝하는 사이, 순식간

jiàn

명 틈, 사이 동 1. 사이를 두다 2. 이간시키다

6급 间谍 jiàndié 명 간첩, 스파이

6급 间隔 jiàngé 명 간격, 사이
동 간격을 두다, 사이를 띄우다

6급 间接 jiànjiē 명형 간접(적인)
반의 直接 zhíjiē 직접(적인)

045

降

降은 뜻에 따라 2가지 발음이 있다. **내리다, 떨어지다, 낮추다** 등의 뜻으로 쓰일 때는 jiàng으로 읽고, **항복하다, 투항하다, 굴복시키다, 제압하다** 등의 뜻으로 쓰일 때는 xiáng 으로 읽는다.

jiàng

동 1. 내리다, 떨어지다, 내려가다[오다] 2. 낮추다, 내리다

4급 降低 jiàngdī 동 내리다, 낮추다, 인하하다, 줄이다

4급 降落 jiàngluò 동 내려오다, 착륙하다

6급 降临 jiànglín 동 강림하다, 내려오다, 찾아오다

xiáng

동 1. 항복하다, 투항하다
2. 항복시키다, 굴복시키다, 제압하다

6급 投降 tóuxiáng 동 1. 투항하다, 항복하다
2. 굴복하다

降服 xiángfú 동 1. 항복하다
2. 굴복시키다, 제압하다

046

觉

觉는 뜻에 따라 2가지 발음이 있다. **잠, 수면**이라는 뜻으로 쓰일 때는 jiào 라고 발음하고, **느끼다, 깨닫다, 감각, 느낌** 등의 뜻으로 쓰일 때는 jué 라고 발음한다.

jiào

명 **잠, 수면**

1급	睡觉	shuìjiào	명 (잠을) 자다
	午觉	wǔjiào	명 낮잠, 오수

jué

동 **1. 느끼다, 감지하다 2. 깨닫다, 깨우치다**

명 **감각, 느낌**

5급	自觉	zìjué	동 자각하다, 스스로 느끼다 형 자발적인
6급	觉悟	juéwù	동 깨닫다, 인식하다 명 각오, 각성, 자각
6급	觉醒	juéxǐng	명 동 각성(하다)
6급	嗅觉	xiùjué	명 후각
6급	知觉	zhījué	명 1. 지각, 감각 2. [심리] 지각

047 校

校는 뜻에 따라 2가지 발음이 있다. **교정하다, 비교하다** 등의 뜻으로 쓰일 때는 jiào 로 발음하고, **학교**의 뜻으로 쓰일 때는 xiào 로 발음한다.

jiào

동 1. 교정하다, 정정하다, 수정하다
2. 비교하다, 견주어 보다

校对 jiàoduì 동 1. (표준에 맞는지) 검사[검열]하다
2. 교정[교열]하다
명 교정원, 교열원

校正 jiàozhèng 동 교정하다, 검토하여 바로 잡다

xiào

명 학교

1급 学校 xuéxiào 명 학교

3급 校长 xiàozhǎng 명 학교장 교장, 학장, 총장

校庆 xiàoqìng 명 개교기념일

J

048

解

解는 뜻에 따라 3가지 발음이 있다. **풀다, 없애다, 분해하다** 등의 뜻으로 쓰일 때는 jiě 라고 발음하고, **호송하다**의 뜻으로 쓰일 때는 jiè 로 발음하며, **곡마기예**의 뜻으로 쓰일 때는 xiè 로 발음한다.

jiě

동 1. 풀다, 열다, 끄르다　2. 나누다, 분해하다
3. 없애다, 해제하다, 제거하다
4. 해석하다, 해설하다, 풀다　5. 알다, 이해하다
6. [수학] 방정식을 풀다　7. 용변을 보다

5급 缓解 huǎnjiě 동 1. 완화되다, 호전되다
2. 완화시키다, 호전시키다

6급 见解 jiànjiě 명 견해, 의견

6급 解除 jiěchú 동 없애다, 제거하다, 해제하다

6급 解放 jiěfàng 동 해방하다, 해방되다

6급 解雇 jiěgù 동 해고하다

6급 解剖 jiěpōu 동 1. 해부하다, 분석하다 명 해부

6급 解散 jiěsàn 동 1. 해산하다, 흩어지다
2. (단체나 집회를) 해산하다, 해체하다

6급 解体 jiětǐ 동 해체되다, 와해되다, 무너지다

6급 谅解 liàngjiě 동 양해하다

6급 溶解 róngjiě 동 [화학] 용해하다

6급 瓦解 wǎjiě 동 1. 와해되다, 무너지다
2. 와해시키다, 붕괴시키다

6급 误解 wùjiě 명 동 오해(하다)
동의 误会 wùhuì 오해(하다)

jiè

동 호송하다

解送 jièsòng 동 압송하다, 호송하다

押解 yājiè 동 압송하다, 호송하다

xiè

동 구어 이해하다, 알다

명 1. 곡마 기예 2. 무술 3. 잡기

解数 xièshù 명 1. 무술의 품세 2. 수단, 솜씨

J

049

尽

尽은 뜻에 따라 2가지 성조가 있다. **될 수 있는 대로[되도록] ~하다**라는 뜻으로 쓰일 때는 제3성 jǐn 으로 발음하고, **다하다, 다 쓰다, 전부, 모두** 등의 뜻으로 쓰일 때는 제4성 jìn 으로 발음한다.

jǐn

동 될 수 있는 대로 ~하다, 되도록 ~하다
부 맨, 가장, 제일

4급 尽管 jǐnguǎn 부 얼마든지, 마음 놓고
접 비록[설령] ~하더라도, ~에도 불구하고

5급 尽快 jǐnkuài 부 되도록 빨리

5급 尽量 jǐnliàng 부 가능한 한, 되도록, 최대한도록, 마음껏

jìn

동 1. 다 없어지다, 다하다 2. 극에[최고에] 달하다
3. 다 쓰다, 모두 사용하다 4. 온 힘을 다하다, 힘써 완수하다
5. 문어 죽다, 사망하다

형 전부의, 모든
부 1. 전부, 모두 2. 다만 ~뿐, ~만

5급 尽力 jìnlì 동 온 힘을[전력을] 다하다

6급 竭尽全力 jié jìn quán lì
성어 모든 힘을 다 기울이다

6급 苦尽甘来 kǔ jìn gān lái
성어 고진감래, 고생 끝에 낙이 온다

6급 无穷无尽 wú qióng wú jìn
성어 무궁무진하다, 한이 없다

050

劲

劲은 뜻에 따라 2가지 발음이 있다. **힘**이라는 뜻으로 쓰일 때는 jìn 으로 읽고, **강하다, 굳세다** 등의 뜻으로 쓰일 때는 jìng 으로 읽어야 한다.

jìn

명 1. 힘, 기운 2. 사기, 열의 3. 기색, 표정, 모양 4. 흥미

5급 使劲儿 shǐjìnr 동 힘을 쓰다[힘내! 힘껏]

6급 干劲 gànjìn 명 (일을 하려는) 의욕, 열정, 열의

劲上加劲 jìn shàng jiā jìn 성어 노력에 노력을 거듭하다

jìng

형 힘세다, 강하다, 굳세다

劲健 jìngjiàn 형 강건하다, 강하고 튼튼하다

劲烈 jìngliè 형 강렬하다, 힘차다

强劲 qiángjìng 형 강(력)하다, 세차다

K

051

看

看은 쓰임에 따라 성조를 달리해야 한다. 흔히 **看**이 **지키다**의 뜻을 나타낼 때와 **보다**의 뜻을 나타낼 때를 구분하지 않고 모두 제4성 kàn 으로 잘못 읽는 경우가 있는데 쓰임에 따라 성조가 다르다는 것을 유의해야 한다.

kān

동 1. 지키다, 돌보다 2. 관리하다 3. 감시하다, 주시하다

看护 kānhù 동 간호하다, 보살피다
명 [옛말] 간호사

看守 kānshǒu 동 1. 관리하다 2. 감시하다
명 간수, 교도관

kàn

1급

동 1. 보다, 구경하다 2. ~라고 보다, ~라고 여기다 3. 방문하다 4. 해보다 5. 진찰하다

4급 看法 kànfǎ 명 견해

5급 看不起 kànbuqǐ 동 경시하다, 얕보다, 깔보다

5급 看望 kànwàng 동 방문하다, 문안하다, 찾아가 보다

6급 看待 kàndài 동 대(우)하다, 다루다, 취급하다

052

空

空은 뜻에 따라 2가지 성조가 있다. **텅 비다**라는 뜻으로 쓰일 때는 제1성 kōng 으로 읽고, **빈 곳, 틈, 짬** 등의 뜻으로 쓰일 때는 제4성 kòng 으로 읽어야 한다. 특히 듣기·말하기에서는 어떤 뜻으로 쓰였는지 신경을 써야 정확하게 판단할 수 있다.

kōng

4급

형 1. 텅 비다 2. 내용이 없다, 공허하다, 헛되다
동 비우다, 비워놓다 명 하늘, 공중
부 부질없이, 공연히, 헛되이

5급	空间	kōngjiān	명	공간
5급	天空	tiānkōng	명	하늘, 공중
6급	航空	hángkōng	명	항공 형 항공의
6급	空洞	kōngdòng	형	(말이나 문장에) 내용이 없다, 공허하다
6급	空前绝后	kōng qián jué hòu	성어	전무후무하다
6급	空想	kōngxiǎng	명동	공상(하다)
6급	空虚	kōngxū	형	1. 공허하다, 텅 비다 2. (마음이) 허전하다, 공허하다
6급	太空	tàikōng	명	우주, 매우 높은 하늘

kòng

명 빈 곳, 틈, 짬, 겨를 동 비우다 형 비다, 비어 있다

5급	空闲	kòngxián	명	여가, 짬, 틈, 한가한 시간
			형	1. 한가하다 2. 비어 있다
6급	空白	kòngbái	명	공백, 여백
6급	空隙	kòngxì	명	1. 틈, 간격 2. 겨를, 짬

L

053

落

落는 뜻과 쓰임에 따라 발음이 다르다. **빠뜨리다**의 뜻으로 쓰일 때는 là 로 발음하고, **떨어지다**의 뜻으로 쓰일 때는 luò 로 발음한다.

là

동 1. 빠뜨리다, 빠지다, 누락되다
2. 빠뜨리다, 가져오는 것을 잊어버리다
3. 처지다, 뒤떨어지다

6급 丢三落四 diū sān là sì
성어 잘 빠뜨리다, 이것저것 잘 잊어버리다, 건망증이 심하다

luò

동 1. 떨어지다 2. 낮아지다, 하락하다 3. 내리다, 낮추다
4. 몰락하다 5. 뒤떨어지다, 뒤에 남다 6. 정착하다
7. (붓으로) 쓰다, 서명하다 명 마을, 부락

4급 降落 jiàngluò 동 내려오다, 착륙하다

5급 落后 luòhòu 형 1. 낙오하다, 뒤떨어지다
2. 뒤처지다, 늦어지다 3.낙후되다

6급 堕落 duòluò 동 타락하다, 부패하다

6급 角落 jiǎoluò 명 1. 구석, 모퉁이
2. [비유] 구석진 곳, 외진 곳

6급 冷落 lěngluò 형 쓸쓸하다, 조용하다, 적막하다
동 냉대하다, 푸대접하다

6급 落成 luòchéng 동 준공되다, 낙성되다

6급 落实 luòshí 형 (계획 · 조치 · 정책 등이) 실행 가능하다, 적절하다
동 1. 확정하다
2. 실시하다, 구체화하다, 실현하다

054

乐

乐는 뜻에 따라 3가지 발음이 있다. **즐겁다, 기쁘다, 즐거움, 쾌락**의 뜻으로 쓰일 때는 lè 로 발음하고, **음악**의 뜻으로 쓰일 때는 yuè 라고 발음하고, yào 라고 발음하는 경우는 성어 **乐山乐水** 로 쓰일 때이다.

lè

형 즐겁다, 기쁘다
명 즐거움, 쾌락
동 즐기다, 즐겨 하다

5급 俱乐部 jùlèbù 명 구락부, 클럽, 동호회

5급 乐观 lèguān 형 낙관적이다

5급 娱乐 yúlè 명 오락, 즐거움

6급 欢乐 huānlè 형 즐겁다, 유쾌하다

6급 乐趣 lèqù 명 즐거움, 재미

6급 乐意 lèyì 동 1. 기꺼이 ~하다, ~를 즐겁게 여기다, ~하기 원하다
2. 만족하다, 좋아하다, 즐거워하다

6급 天伦之乐 tiān lún zhī lè
성어 가족의 즐거움[단란함]

6급 喜闻乐见 xǐ wén lè jiàn
성어 기쁜 마음으로 듣고 보다, 즐겨 듣고 즐겨 보다

6급 知足常乐 zhī zú cháng lè
성어 만족함을 알면 항상 즐겁다

yào

동 문어 좋아하다

乐山乐水 yào shān yào shuǐ
성어 요산요수[산을 좋아하고 물을 좋아한다]

yuè

명 음악

3급 音乐 yīnyuè 명 음악

5급 乐器 yuèqì 명 악기

6급 乐谱 yuèpǔ 명 악보

055

了

了는 쓰임에 따라 2가지 발음이 있다. **동작의 완료**를 나타내는 등 **조사**로 사용되는 경우에는 le 로 발음하고, **동사 완결하다, 끝나다** 또는 **가능**이나 **불가능**을 나타낼 때 liǎo 로 발음한다.

le

1급

조 동사 또는 형용사 뒤에 쓰여 동작 또는 변화가 이미 완료되었음을 나타낸다.

- 你吃饭了吗? Nǐ chīfàn le ma
  밥 먹었어요?

liǎo

동 1. 완결하다, 끝나다
2. 가능 또는 불가능을 나타냄
동사 뒤에서 得 de 나 不 bù 와 연용해서 씀

형 분명하다, 확실하다

5급 不得了 bùdéliǎo 형 1. 큰일 났다, 야단났다
2. (정도가) 심하다

5급 了不起 liǎobuqǐ 형 놀랄 만하다, 굉장하다, 뛰어나다

6급 大不了 dàbuliǎo 형 1. 대단하다, 굉장하다
주로 부정형이나 반어로 쓰임
2. (부피 · 수량 등이) 크지 않다, 많지 않다, 넘지 않다
부 기껏해야, 고작

6급 一目了然 yí mù liǎo rán
성어 일목요연하다

056

量

量은 뜻에 따라 2가지 성조가 있다. 동사 **재다, 달다, 측량하다** 등의 뜻으로 쓰일 때는 제2성 liáng 으로 발음하고, 명사 **양, 수량** 등의 뜻으로 쓰일 때는 제4성 liàng 으로 발음한다.

L

liáng

동 1. (길이·크기·무게·양 따위를) 재다, 달다, 측정하다
2. 가늠하다, 짐작하다

6급 测量 cèliáng 명동 측량(하다)

6급 打量 dǎliang 동 1. (사람의 복장이나 외모를) 살펴보다, 훑어보다, 관찰하다
2. 가늠하다, 예측하다, ~라고 생각하다[여기다]

liàng

명 1. 용량, 한도
2. 양, 수량, 분량
3. 옛날, 되·말 따위의 용량을 되는 도구

동 짐작하다, 헤아리다, 가늠하다

5급 力量 lìliang 명 1. 힘 2. 역량, 능력 3. 세력 4. 효력, 작용

6급 较量 jiàoliàng 동 (힘 · 기량을) 겨루다, 대결하다, 경쟁하다

6급 能量 néngliàng 명 1. [비유] (사람이 발휘할 수 있는) 능력, 역량
2. [물리] 에너지

057

抹

抹는 뜻에 따라 3가지 발음이 있다. **닦다, 문지르다**의 뜻으로 쓰일 때는 mā 로 발음하고, **바르다, 칠하다**의 뜻으로 쓰일 때는 mǒ 로 발음하고, **발라서 고르다, 방향을 돌리다** 등의 뜻으로 쓰일 때는 mò 로 발음해야 한다. **抹** 글자에 **末** mò 가 있어서 흔히 mò 로 발음하는 경우가 있는데 특히 유의해야 한다.

mā

동 **닦다, 문지르다**

抹布 mābù 명 걸레, 행주

抹脸 māliǎn 동 정색하다, 굳은 표정을 짓다

mǒ

동 **1. 바르다, 칠하다 2. 닦다, 문지르다 3. 지우다**

6급 抹杀 mǒshā 동 말살하다, 없애다

6급 涂抹 túmǒ 동 1. 칠하다, 바르다
2. 함부로 낙서하다

mò

동 **1. 발라서 고르다 2. 주위를 돌다 3. 방향을 바꾸다**

抹面 mòmiàn 동 미장하다, 벽에 시멘트 따위를 바르다

抹头 mòtóu 동 머리를 돌리다

M

058
没

没는 뜻에 따라 2가지 발음이 있다. **없다**의 뜻으로 쓰일 때는 méi 로 발음하고, **잠기다, 몰수하다** 등의 뜻으로 쓰일 때는 mò 로 발음해야 한다.

méi

동사 '没有 없다'의 뜻으로 쓰인다.

1급 没关系 méiguānxi 동 괜찮다, 상관없다

1급 没有 méiyǒu 동 1. 없다, ~을 가지고 있지 않다
2. ~에 미치지 못하다
부 1. 아직 ~하지 않다
2. ~하지 않았다

mò

동 1. 물에 잠기다, 가라앉다 2. 가득 차 넘치다 3. 숨다 4. 몰수하다 5. 다하다 6. 소멸하다

6급 埋没 máimò 동 매몰하다[되다], 묻다[묻히다]

没落 mòluò 동 몰락하다

没收 mòshōu 동 몰수하다

6급 淹没 yānmò 동 1. 침몰하다, 물에 잠기다, 익사하다
2. [비유] (소리가) 파묻히다

059 闷

闷은 뜻에 따라 2가지 성조가 있다. **(공기가 통하지 않아) 답답하다**의 뜻으로 쓰일 때는 제1성 **mēn** 으로 발음하고, **(마음이) 답답하다, 우울하다**의 뜻으로 쓰일 때는 제2성 **mèn** 으로 발음해야 한다.

mēn

형 (공기가 통하지 않아) 답답하다, 갑갑하다

동 1. 밀폐하다, 꼭 덮다 2. (집 안에) 틀어박히다 3. 잠자코 있다

闷气 mēnqì 형 (공기가 통하지 않아) 답답하다, 갑갑하다

闷头儿 mēntóur 동 말없이 꾸준히 노력하다
명 재산·재능이 있어도 겉으로 드러내지 않는 사람

mèn

동 1. (마음이) 답답하다, 우울하다, 번민하다
2. 밀폐된, 밀봉된, 공기가 통하지 않는

6급 沉闷 chénmèn 형 1. (마음이) 답답하다, 우울하다, 울적하다
2. (날씨 · 분위기가) 음울하다, 무겁다, 음습하다

烦闷 fánmèn 명 동 번민(하다), 고민(하다)

6급 纳闷儿 nàmènr 동 구어 (마음에 의혹이 생겨) 답답하다, 갑갑해하다

M

060

秘

秘는 쓰임에 따라 2가지 발음이 있다. **비밀의, 신기하다**의 뜻으로 쓰일 때는 **mì** 로 발음하고, **秘鲁** 의 구성자로 쓰일 때는 **bì** 로 발음한다.

mì

형 1. 비밀의, 은밀한 2. 희한하다, 신기하다, 진기하다
동 비밀을 지키다, 비밀로 하다

5급 秘密 mìmì 명 비밀, 기밀 비밀의

5급 秘书 mìshū 명 1. 비서 2. 비서의 일 직무

5급 神秘 shénmì 형 신비하다

6급 奥秘 àomì 명 신비, 비밀 형 깊고 신비하다

bì

秘鲁의 구성자

秘鲁 Bìlǔ 명 [지리] 페루(Peru)

061

磨

磨는 쓰임에 따라 2가지 성조가 있다. **마찰하다, 갈다, 고통을 주다, 괴롭히다** 등의 뜻으로 쓰일 때는 제2성 **mó** 로 발음하고, **맷돌, 맷돌로 갈다** 등의 뜻으로 쓰일 때는 제4성 **mò** 로 발음해야 한다.

mó

동 1. 마찰하다, 비비다 2. 갈다, 문지르다
3. 괴롭히다, 고통을 주다 4. 귀찮게 굴다, 떼를 쓰다
5. (시간을) 소모하다, 소비하다 6. 소멸하다, 없어지다

6급 磨合 móhé 동 길들(이)다, 적응하다
기계가 마찰을 거쳐 잘 맞물리는 것을 나타냄

6급 折磨 zhémó 동 (육체적 · 정신적으로) 고통스럽게 하다, 괴롭히다, 학대하다

6급 琢磨 ① zhuómó 동 1. (옥이나 돌을) 갈다[다듬다]
2. (시문 등을) 다듬다

② zuómo 동 깊이 생각하다, 사색하다, 음미하다, 궁리하다

mò

명 맷돌
동 (맷돌로) 갈다

N

062 难

难은 뜻에 따라 2가지 성조가 있다. **어렵다, 힘들다** 등의 뜻으로 쓰일 때는 제2성 nán 으로 발음하고, **재난, 환난** 등의 뜻으로 쓰일 때는 제4성 nàn 으로 발음한다.

nán

3급

(반의) 易 yì 쉽다

형 1. 어렵다, 곤란하다, 힘들다 2. 좋지 않다, 나쁘다, 흉하다

동 곤란하게 하다, 난처하게 만들다, 어렵게 하다

5급 难怪 nánguài 부 과연, 어쩐지, 그러기에
형 (~하는 것도) 당연하다, 이상할 것 없다, 나무랄 수 없다

5급 难免 nánmiǎn 동 면하기 어렵다, 불가피하다, 피할 수 없다

6급 艰难 jiānnán 형 곤란하다, 어렵다, 힘들다

6급 难得 nándé 형 (물건, 기회 등을) 얻기 어렵다, ~하기 어렵다
부 모처럼 ~하다, 드물다

6급 难堪 nánkān 형 1. 참기 어렵다 2. 난감하다, 난처하다

6급 难能可贵 nán néng kě guì
성어 어려운 일을 해내서 매우 장하다

nàn

명 재난, 불행, 환난

难民 nànmín 명 난민, 이재민

难兄难弟 nàn xiōng nàn dì
성어 생사고락을 함께 한 사람

6급 灾难 zāinàn 명 재난, 환난

063

宁

宁은 뜻에 따라 2가지 성조가 있다. **편안하다, 안녕하다** 등의 뜻으로 쓰일 때는 제2성 níng 으로 읽고, 부사나 접속사 **차라리, 설마** 등의 뜻으로 쓰일 때는 제4성 nìng 으로 읽어야 한다.

níng

형 편안하다, 평온하다, 안녕하다

동 문안을 드리다

6급 安宁 ānníng 형 편하다, 안정되다, 평온하다

宁神 níngshén 동 머리를 식히다, 긴장을 풀다

宁夏回族自治区 Níngxià Huízú zìzhìqū 명 [지명] 닝샤 회족 자치구

nìng

부 1. 차라리, 오히려 2. 문어 설마, 어찌

5급 宁可 nìngkě 부 차라리[오히려] ~할지언정 뒤에 也不 yěbù 와 호응

6급 宁肯 nìngkěn 부 차라리[설령] ~할지언정 [~할지라도]

6급 宁愿 nìngyuàn 부 차라리[오히려] ~하고자 한다[~하고 싶다]

064

漂

漂는 뜻에 따라 3가지 성조가 있다. **물에 뜨다, 표류하다** 등의 뜻을 나타낼 때는 제1성 piāo 로 발음하고, **표백하다, 물에 헹구다** 등의 뜻을 나타낼 때는 제3성 piǎo 로 발음하며, **아름답다, 예쁘다**의 **漂亮** 으로 쓰일 때는 제4성 piào 로 발음한다.

P

piāo

동 1.(물이나 액체 위에) 뜨다
2. 표류하다, 떠돌다, 이리저리 떠다니다

6급 漂浮 piāofú 동 1. (물 위에) 둥둥 뜨다
2. 빈둥거리다,
(일 · 사업 등을) 겉으로만 하다,
겉날리다

漂流 piāoliú 동 1. 표류하다, 물결 따라 흐르다
2. 유랑하다, 방랑하다, 떠돌아다니다

piǎo

동 1. 표백하다 2. (물에) 헹구다, 씻어 내다

漂白 piǎobái 명 동 표백(하다)

漂染 piǎorǎn 동 표백하여 염색하다

piào

동 [방언] (일 등이) 허사가 되다, 쓸모없이 되다,
(빌려준 돈을) 떼이다, 허탕 치다

1급 漂亮 piàoliang 형 1. 아름답다, 예쁘다
2. (일처리 · 행동 등이) 뛰어나다,
훌륭하다

065 屏

屏은 뜻에 따라 3가지 발음이 있다. **병풍**의 뜻으로 쓰일 때는 píng 으로 읽고, **숨을 죽이다, 버리다** 등의 뜻으로 쓰일 때는 bǐng 으로 읽고, bīng 으로 발음하는 경우는 **屏营**의 구성자로 쓰일 때뿐이다.

píng

명 1. 병풍 2. 족자

屏风 píngfēng 명 병풍

6급 屏幕 píngmù 명 영사막, 스크린

6급 屏障 píngzhàng 명 (병풍처럼 둘러진) 장벽, 보호벽
동 문어 가려서 막다, 둘러싸다

bīng

屏营 의 구성자

屏营 bīngyíng 형 문어 황공한 모양, 두려워하는 모양
주로 서찰이나 상주문에 쓰인다.

bǐng

동 1. 호흡을 멈추다, 숨을 죽이다 2. 버리다, 제거하다

屏气 bǐngqì 동 숨을 죽이다

屏弃 bǐngqì 동 내버리다, 내던지다, 포기하다

066

朴

朴는 뜻에 따라 여러 가지 발음이 있다. **순박하다, 소박하다** 등의 뜻으로 쓰일 때는 pǔ 로 발음하고, **성씨 중의 하나**로 쓰일 때는 Piáo 로 발음함에 유의해야 한다.

P

pǔ

[번체] 樸 형 **순박하다, 소박하다**

6급 朴实 pǔshí 형 1. 소박하다, 꾸밈이 없다
2. 성실하다, 착실하다

6급 朴素 pǔsù 형 1. (색깔 · 모양 등이) 소박하다, 화려하지 않다
2. (생활이) 검소하다
3. (감정이) 순박하다, 꾸밈이 없다
4. 초기의, 미발달의

Piáo

명 **성(姓)씨의 하나**

pō

朴刀의 구성자

朴刀 pōdāo 명 칼, 박도

pò

명 [식물] **후박나무**

厚朴 hòupò 명 후박나무

067

期

期는 쓰임에 따라 2가지 발음이 있다. jī 로 발음하는 경우는 다만, **期月**, **期年**의 2단어로 쓰일 때뿐이다. **시기, 기일, 기간, 기대하다** 등의 뜻을 나타낼 때는 qī 로 발음해야 한다.

qī

명 1. 시기, 기일, 정해진 시일 2. 기간
동 1. 기대하다 2. 시일을 정하다

5급	过期 guòqī	동 기한을 넘기다, 기일이 지나다
5급	期待 qīdài	명동 기대(하다)
5급	期间 qījiān	명 기간
5급	日期 rìqī	명 (특정한) 날짜, 기간
5급	时期 shíqī	명 (특정한) 시기
6급	定期 dìngqī	동 기일을 정하다 형 정기의, 정기적인
6급	期望 qīwàng	동 기대하다, 바라다 명 기대, 바람
6급	期限 qīxiàn	명 기한, 시한
6급	延期 yánqī	동 (기간을) 연기하다
6급	预期 yùqī	동 예기하다, 미리 기대하다
6급	周期 zhōuqī	명 주기

jī

명 문어 1. 일 년 동안 상복을 입는 것 2. 만 일 년, 만 한 달

期年 jīnián	명 1주년, 만 일 년
期月 jīyuè	명 1개월, 만 한 달

068

强

强은 뜻에 따라 3가지 발음이 있다. **강하다, 굳세다** 등의 뜻으로 쓰일 때는 qiáng 으로 발음하고, **억지로[강제로] 하다**의 뜻으로 쓰일 때는 qiǎng 으로 발음하며 **고집이 세다**라는 뜻으로 쓰일 때는 jiàng 으로 발음한다.

Q

qiáng

형 1. 강하다, 힘이 세다 반의 弱 ruò 약하다
2. (감정·의지가) 강하다, 굳세다
3. 우월하다, 좋다 4. 포악하다, 난폭하다

부 강제로 동 [중의학] 굳어지다, 응고하다

5급 坚强 jiānqiáng 형 굳세다, 굳고 강하다, 완강하다
동 견고히 하다, 강화하다

5급 强调 qiángdiào 동 강조하다

5급 强烈 qiángliè 형 1. 강렬하다 2. 뚜렷하다, 선명하다

6급 强制 qiángzhì 동 강제하다, 강요하다, 강압하다

6급 顽强 wánqiáng 형 완강하다, 억세다, 강경하다

qiǎng

동 억지로 하다, 강제로 하다, 무리하게 하다

6급 勉强 miǎnqiǎng 부 간신히, 가까스로, 억지로
형 1. 마지못하다, 내키지 않다
2. 억지스럽다, 논리나 이유가 부족하다
동 강요하다

6급 强迫 qiǎngpò 동 강박하다, 강요하다, 강제로 시키다

jiàng

형 고집이 세다, 고집스럽다

6급 倔强 juéjiàng 형 고집이 세다

069

抢

抢은 뜻에 따라 2가지 성조가 있다. **부딪치다, 충돌하다, 거스르다** 등의 뜻으로 쓰일 때는 제1성 qiāng 으로 발음하고, **빼앗다, 앞을 다투다, 급히 하다** 등의 뜻으로 쓰일 때는 제3성 qiǎng 으로 발음해야 한다.

qiāng

동 1. 문어 부딪히다, 충돌하다 2. 거스르다

抢风 qiāngfēng 동 바람을 맞다, 바람을 거스르다

qiǎng

5급

동 1. 빼앗다, 탈취하다 2. 앞을 다투다
3. 급히 하다, 서두르다, 다그치다
4. 긁다, 벗기다, 벗겨지다

6급 抢劫 qiǎngjié 동 (재물을) 강탈하다, 빼앗다

6급 抢救 qiǎngjiù 동 급히 구조하다, 응급 처치하다

抢手 qiǎngshǒu 동 (인기가 있어) 앞을 다투어 사다, 잘 팔리다

Q

070
切

切는 뜻에 따라 2가지 성조가 있다. **자르다, 끊다** 등의 뜻으로 쓰일 때는 제1성 qiē 로 발음하고, **절박하다, 간절하다, 밀접하다** 등의 뜻으로 쓰일 때는 제4성 qiè 로 발음해야 한다.

qiē

5급

동 1. (칼로) 끊다, 자르다, 썰다
2. [수학] (선·원·면 등이 한 점에서) 접하다

切断 qiēduàn 동 절단하다, 끊다

切削 qiēxiāo 동 절삭하다, 커팅(cutting)하다

qiè

형 1. 절박하다, 간절하다 2. 친밀하다, 밀접하다
동 딱 들어맞다, 맞물리다, 부합되다
부 결코, 제발, 부디 명 모두, 일체, 전부

5급 密切 mìqiè 형 1. (관계가) 밀접하다, 긴밀하다
2. 세심하다, 꼼꼼하다
동 밀접하게 하다

5급 迫切 pòqiè 형 절박하다, 절실하다

5급 亲切 qīnqiè 형 1. 친절하다
2. 친근하다, 친밀하다, 밀접하다

6급 急切 jíqiè 형 절박하다, 절실하다
부 단박에, 급하게, 즉각

6급 恳切 kěnqiè 형 간절하다, 간곡하다, 진지하다

6급 切实 qièshí 형 1. 적절하다, 실용적이다, 알맞다, 적합하다
2. 착실하다, 진실하다, 성실하다

6급 确切 quèqiè 형 1. 확실하다, 정확하다 2. 적절하다

071

散

散은 뜻에 따라 2가지 성조가 있다. 주로 **흩어진 모양**을 나타낼 때는 제3성 sǎn 으로 읽고, **흩어지다, 퍼지다, 나누어주다** 등의 동사로 쓰였을 때는 제4성 sàn 으로 읽어야 한다.

sǎn

동 1. 흩어지다, 분산하다 2. 느슨해지다

형 흩어진, 분산된

명 가루약

散漫 sǎnmàn 형 1. 산만하다 2. 제멋대로이다

6급 散文 sǎnwén 명 1. 산문
2. 시 · 소설 · 희곡 이외의 문학 작품

sàn

동 1. 흩어지다, 떨어지다 2. 나누어주다, 퍼지다

4급 散步 sànbù 동 산보하다

6급 分散 fēnsàn 동 분산하다, 흩어지다

6급 解散 jiěsàn 동 1. 해산하다, 흩어지다
2. (기구나 단체를) 취소하다, 해산하다, 해체하다

6급 扩散 kuòsàn 동 확산하다, 퍼뜨리다

6급 散布 sànbù 동 1. 뿌리다 2. 퍼뜨리다, 유포하다

6급 散发 sànfā 동 1. 나누어주다, 배포하다
2. 발산하다, 내뿜다

S

072

丧

丧은 뜻에 따라 2가지 성조가 있다. **죽은 사람에 관한 일**을 나타내는 뜻으로 쓰일 때는 제1성 sāng으로 발음하고, **상실하다, 낙담하다** 등의 뜻으로 쓰일 때는 제4성 sàng 으로 발음해야 한다.

sāng

명 **상** 죽은 사람에 관한 일, **장의**

丧家 sāngjiā 명 상가, 초상집

治丧 zhìsāng 동 장례를 치르다

sàng

동 **1. 상실하다, 잃다 2. 죽다 3. 낙담하다**

6급 沮丧 jǔsàng 동 1. 실망하다, 낙담하다
2. 기를 꺾다, 실망시키다

6급 丧失 sàngshī 동 상실하다, 잃어버리다

073
色

色는 2가지 발음이 있다. 둘 다 서로 뜻은 같으나 **色** sè 를 **古语** 고어 의 영향을 받아 흔히 shǎi 로 발음하기도 한다.

sè

명 **1. 색, 색깔 2. 안색 3. 경치, 모양, 상황 4. 여색, 여자의 미모 5. 종류 6. 품질 7. 성욕**

2급	颜色 yánsè	명 1. 색, 색깔 2. 안색, 용모
4급	景色 jǐngsè	명 경치, 풍경
5급	出色 chūsè	형 대단히 훌륭하다, 보통을 넘다
5급	角色 juésè	명 1. (연극 · 영화 · TV 등의) 배역, 역 2. [비유] (사회에서) 인물, 역할
5급	色彩 sècǎi	명 1. 색채 2. 성향, 경향, 정서
5급	特色 tèsè	명 특색, 특징
6급	粉色 fěnsè	명 분홍색
6급	气色 qìsè	명 기색, 얼굴빛, 안색
6급	眼色 yǎnsè	명 1. 윙크, 눈짓 2. 안목 3. 눈치
6급	棕色 zōngsè	명 갈색

shǎi

명 구어 **색, 색깔, 빛깔**

掉色 diàoshǎi	동 색이 바래다
退色 tuìshǎi	동 퇴색하다, 색이 바래다

074 扇

扇은 뜻에 따라 2가지 성조가 있다. **부채질하다, 선동하다** 등의 뜻으로 쓰일 때는 제1성 shān 으로 읽고, **부채** 등의 **명사**로 쓰일 때는 제4성 shàn 으로 읽어야 한다.

shān

동 1. 부채질하다 2. 선동하다

扇动 shāndòng 동 1. 선동하다, 부추기다
2. (부채 모양의 것을) 부치다, 흔들다

shàn

명 1. 부채 2. 조각이나 판과 같이 생긴 물건
양 짝, 틀, 폭, 장 문·창문 등을 세는 단위

风扇 fēngshàn 명 1. 옛날 수동식 선풍기
2. 선풍기, 통풍기

5급 扇子 shànzi 명 부채

075
上

上은 쓰임에 따라 2가지 성조가 있다. 주요하게 명사 뒤에 **접미사**로 쓰일 때는 경성 shang 으로 읽고, **위, 위에, 오르다** 또는 동사 뒤에 **보어**로 쓰일 때는 제4성 shàng 으로 읽어야 한다.

shàng

1급

반의 下 xià 아래, 나중

명 위

형 1. 위의 2. 앞의, 먼저의 3. 상등의, 상위의

동 오르다

부 위로

5급 上当 shàngdàng 동 속다, 꾐에 빠지다, 사기를 당하다

6급 不相上下 bù xiāng shàng xià 성어 막상막하, 우열을 가릴 수 없다

6급 锦上添花 jǐn shàng tiān huā 성어 1. 금상첨화 2. [비유] 좋은 일에 또 좋은 일이 더해지다, 더할 나위 없이 좋다

6급 上级 shàngjí 명 상급, 상부

6급 上进 shàngjìn 동 향상하다, 진보하다

6급 上任 shàngrèn 동 부임하다, 취임하다 명 전임자

6급 上瘾 shàngyǐn 동 인이 박히다, 중독되다

6급 上游 shàngyóu 명 1. (강의) 상류
2. 앞선 목표나 수준, 앞장, 우위

유의 上流 shàngliú 상류

반의 下流 xiàliú, 下游 xiàyóu 하류

6급 雪上加霜 xuě shàng jiā shuāng
성어 설상가상이다, 엎친 데 덮친 격이다

shàng

동사 뒤에 쓰여 보어역할을 할 때는 제4성으로 발음한다.

考上 kǎo shàng 입시에 합격하다
목적의 실현이나 가능을 나타냄

关上 guān shàng 닫다
사물이 일정한 위치에 도달했음을 나타냄

shang

접미 명사 뒤에 쓰일 때는 경성으로 발음한다.

脸上 liǎn shang 얼굴에 물체의 겉

研究上 yánjiū shang 연구에 있어서 분야·방면

076

少

少는 뜻에 따라 2가지 성조가 있다. **적다, 모자라다, 조금** 등의 뜻으로 쓰일 때는 제3성 shǎo 로 발음하고, **젊다, 어리다** 의 뜻으로 쓰일 때는 제4성 shào 로 발음한다.

shǎo

1급

(반의) **多** duō 많다

형 **적다**

동 **부족하다, 모자라다**

부 **1. 약간, 조금 2. 잠시, 잠깐**

4급	减少	jiǎnshǎo	동 감소하다, 줄다, 줄이다
4급	缺少	quēshǎo	동 부족하다, 모자라다
4급	至少	zhìshǎo	부 최소한, 적어도

shào

(반의) **长** zhǎng 나이가 많다, **老** lǎo 늙다

형 **젊다, 어리다**

명 **1. 젊은이 2. 도련님 3. 군대의 계급단위**

5급	青少年	qīngshàonián	명 청소년
	少将	shàojiàng	명 소장 군대 계급
	少年	shàonián	명 1. 소년 2. 소년기 3. (문어) 청년

077

舍

舍는 뜻에 따라 2가지 성조가 있다. **버리다, 포기하다** 등의 뜻으로 쓰일 때는 제3성 shě 로 발음하고, **집, 객사 客舍** 등의 뜻으로 쓰일 때는 제4성 shè 로 발음한다.

shě

동 **1. 버리다, 포기하다 2. 바치다, 기부하다**

舍得 shě de 동 1. 아깝지 않다, 미련이 없다
2. 기꺼이 하다

5급 舍不得 shě bu de 동 1. 헤어지기 아쉽다[섭섭하다]
2.~하기 아까워하다

6급 锲而不舍 qiè ér bù shě
성어 조각하다가 중도에 그만두지 않는다
[비유] 인내심을 갖고 끝까지 해낸다

shè

명 **1. 집, 가옥 2. 객사(客舍) 3. 축사, 가축우리**

客舍 kèshè 명 문어 여관, 객사

5급 宿舍 sùshè 명 기숙사, 숙사

078

什

什은 뜻에 따라 2가지 발음이 있다. **무엇, 무슨**의 뜻으로 쓰인 경우에는 **shén** 으로 읽고, **십(10), 열**의 뜻으로 쓰인 경우에는 **shí** 로 읽어야 한다.

shén

대 무엇, 무슨

1급 什么 shénme 대 무엇

什么的 shénme de 대 ~등등, ~같은 것, 기타 등등

shí

수 문어 십, 열, 10 분수 또는 배수를 나타낼 때 많이 쓰임

명 형 여러 가지(의), 잡다한 (것)

什锦 shíjǐn 명 형 여러 가지(의)

什一 shíyī 명 열의 하나, 십 분의 일

079

盛은 뜻에 따라 2가지 발음이 있다. **흥성하다, 번성하다** 등의 뜻으로 쓰인 경우에는 shèng 으로 발음하고, **물건을 용기에 담다**의 뜻으로 쓰인 경우에는 chéng 으로 발음한다.

shèng

6급

형 1. 흥성하다, 번성하다 2. 풍성하다, 풍부하다 3. 성대하다 4. 왕성하다, 기운차다 5. 극진하다, 깊다 6. 심하다, 크다

동 성행하다, 널리 유행하다

6급	昌盛	chāngshèng	형	창성하다, 번창하다, 번성하다
6급	丰盛	fēngshèng	형	(음식 등이) 풍성하다, 성대하다
6급	茂盛	màoshèng	형	1. (식물이) 무성하다, 우거지다 2. (경제 등이) 번성하다, 번창하다
6급	盛产	shèngchǎn	동	많이 나다, 많이 생산하다
6급	盛开	shèngkāi	동	(꽃이) 활짝 피다, 만발하다
6급	盛情	shèngqíng	명	두터운 정, 친절
6급	盛行	shèngxíng	동	성행하다, 널리 유행하다

chéng

동 1. 물건을 용기에 담다 2. 넣다, 수용하다

단어	병음	품사	뜻
盛饭	chéngfàn	동	밥을 담다
盛器	chéngqì	명	용기

080

石

石는 뜻에 따라 2가지 발음이 있다. **돌**의 뜻으로 쓰이는 경우에는 shí 로 발음하고, **섬, 석** 과 같이 **곡식** 등의 **용량의 단위**로 쓰이는 경우에는 dàn 으로 발음한다.

shí

명 돌

5급 石头 shítou 명 1. 돌
2. (가위바위보에서의) 바위

6급 化石 huàshí 명 화석

6급 石油 shíyóu 명 석유

6급 岩石 yánshí 명 암석, 바위

6급 钻石 zuànshí 명 금강석, 다이아몬드

dàn

양 **섬, 석** 주로 곡식 등의 용량을 재는 단위

081

似

似는 쓰임에 따라 2가지 발음이 있다. **似的** 로 쓰인 경우에만 shì 로 읽고, 나머지의 경우에는 sì 로 읽어야 한다. 특히 듣기와 말하기에서 유의해야 한다.

shì

似的의 구성자

5급 似的 shìde 조 ~와 같다, ~와 비슷하다
명사·대명사·동사 뒤에서 어떤 사물이나 상황과 서로 유사함을 나타냄

sì

동 1. 닮다, 비슷하다 2. ~(하는) 것 같다, ~듯하다, ~처럼 보이다
3. ~보다 ~(더)하다 정도가 더해짐을 나타냄

5급 似乎 sìhū 부 마치 ~인 것 같다[듯하다]

5급 相似 xiāngsì 동 닮다, 비슷하다

6급 类似 lèisì 형 유사하다, 비슷하다

082 弹

弹은 뜻에 따라 2가지 발음이 있다. **악기를 타다, 손가락을 튕기다, 탄력이 있다** 등의 뜻으로 쓰일 때는 tán 으로 발음하고, **총알, 탄환** 등의 뜻으로 쓰일 때는 dàn 으로 발음한다.

tán

동 1. (악기를) 타다, 연주하다
2. (탄성을 이용하여) 발사하다, 쏘다
3. (손가락을) 튕기다 4. (솜을) 타다 5. 규탄하다

명형 탄력(이 있다)

4급	弹钢琴	tán gāngqín	동	1. 피아노 치다 2. 전체를 총괄하고 핵심을 파악하며 일을 진행시키다
6급	弹性	tánxìng	명	1. 탄(력)성 2. [비유] 신축성, 유연성

dàn

명 1. 작은 덩어리, 둥근 알 2. (대포·총 등의) 탄알, 탄환

6급	导弹	dǎodàn	명	유도탄, 미사일
6급	子弹	zǐdàn	명	총알, 탄두

083

挑

挑는 뜻에 따라 2가지 성조가 있다. **고르다, 골라내다, 멜대로 메다** 등의 뜻을 나타낼 때는 제1성 tiāo 로 발음하고, **막대기로 파내다, (싸움을) 걸다, 일으키다** 등의 뜻을 나타낼 때는 제3성 tiǎo 로 발음한다.

T

tiāo

동 1. 고르다, 선택하다
2. (부정적인 면을) 끄집어내다, 골라내다
3. (멜대로) 메다

명 (멜대로 메는) 짐 양 ~짐 멜대로 메는 짐을 세는 단위

6급 挑剔 tiāotī 동 (결점 · 잘못 등을) 들추다, 지나치게 트집 잡다, 지나치게 책망하다

挑拣 tiāojiǎn 동 선택하다, 고르다

tiǎo

동 1. (막대기 등으로) 파내다, 후비다, 쑤시다
2. (막대기 등으로) 들어 올리다, 받치다
3. (싸움 등을) 걸다, 일으키다, 도발하다

5급 挑战 tiǎozhàn 명 동 도전(하다)

6급 挑拨 tiǎobō 동 충동질하다, 이간시키다, 분쟁을 일으키다

6급 挑衅 tiǎoxìn 동 도전하다, 도발하다, 싸움을 걸다

084

同

同은 뜻에 따라 2가지 성조가 있다. **같다, 같이, 함께** 등의 뜻을 나타낼 때는 제2성 tóng 으로 발음하고, **골목** 등의 뜻을 나타낼 때는 제4성 tòng 으로 발음한다.

tóng

형 **같다, 동일하다**

동 **~과[와] 같다**

부 **함께, 같이**

개 **~과[와](함께)** 동작의 대상, 비교의 대상

접 **~과[와]** 병렬관계 → 명사·대명사·명사화된 단어에만 쓰임

5급 合同 hétong 명 계약(서)

6급 连同 liántóng 접 ~과 함께, ~과 같이

6급 同胞 tóngbāo 명 1. 동포, 한민족, 한겨레
2. 친형제자매, 친동기

6급 同志 tóngzhì 명 동지

tòng

명 **골목**

5급 胡同 hútòng 명 골목 원래는 몽골어

W

085

为

为는 뜻에 따라 2가지 성조가 있다. **하다, ~로 여기다** 등의 뜻으로 쓰이는 경우에는 제2성 wéi 로 발음하고, **~을 위하여, ~때문에** 등의 뜻을 나타내는 **개사**로 쓰이는 경우에는 제4성 wèi 로 발음한다.

wéi

동 1. 하다, 만들다 2. ~로[라고] 생각하다[여기다] 3. ~으로 변하다, ~이 되다

개 ~당하다, ~에 의하여 ~하게 되다

5급 作为 zuòwéi 동 1. ~로 여기다, ~로 삼다 2. ~의 신분[자격]으로서
명 1. 소행, 행위 2. 성과, 성적

6급 见义勇为 jiàn yì yǒng wéi
성어 정의를 보고 용감하게 뛰어들다, 불의를 보면 참지 못하다

6급 迄今为止 qì jīn wéi zhǐ
성어 (이전 어느 시점부터) 지금에 이르기까지

6급 人为 rénwéi 명 인위적

6급 为难 wéinán 형 난처하다, 곤란하다
동 난처하게 하다[만들다], 괴롭히다

6급 为期 wéiqī 동 기한으로 하다, 약속날짜로 삼다
명 기한

6급 无能为力 wú néng wéi lì
성어 무능해서 아무 일도 못하다, 능력이 없다

wèi
3급

개 1. ~에게, ~을 위하여 대상　2. ~하기 위하여 목적
3. ~에 대해서, ~을 향하여 방향　4. ~ 때문에 원인

2급 为什么 wèishénme 부 왜, 무엇 때문에, 어째서
원인이나 목적을 물을 때

2급 因为 yīnwèi 접 왜냐하면
개 ~ 때문에, ~로 인하여 **원인**

3급 为了 wèile 개 ~하기 위하여

X

086 系

系는 뜻에 따라 2가지 발음이 있다. **계통, 계열, 학과** 등의 **명사**나 **맺다, 연결하다** 등의 **동사**로 쓰이는 경우에는 xì 로 발음하고, **매다, 묶다**의 뜻으로 쓰이는 경우에는 jì 로 발음한다.

xì

5급

명 1. 계통, 계열　2. 과, 학과

동 1. 맺다, 연결하다　2. 매달다　3. 묶다, 매다
4. 마음에 걸리다, 마음에 두다　5. 구금하다

급수	단어	병음	뜻
5급	系统	xìtǒng	명 1. 계통, 체계, 시스템 2. 조직, 체제 형 체계적이다
6급	体系	tǐxì	명 체계
6급	系列	xìliè	명 계열, 시리즈

jì

동 매다, 묶다

급수	단어	병음	뜻
5급	系领带	jì lǐngdài	동 넥타이를 매다

087

吓

吓는 뜻에 따라 2가지 발음이 있다. **놀라다**의 뜻으로 쓰일 때는 xià 로 읽고, **위협하다**, **공갈하다**, 또는 **감탄사**로 쓰일 때는 hè 로 읽어야 한다.

xià

5급

동 **1. 놀라다, 무서워하다 2. 무섭게 하다, 놀라게 하다**

惊吓 jīngxià 동 놀라다, 두려워하다

吓人 xiàrén 동 사람을 놀라게 하다
형 무섭다, 겁나다, 두렵다

hè

동 **위협하다, 공갈하다, 으르렁대다**

감 **흥, 허, 쯧쯧** 불만을 나타냄

6급 恐吓 kǒnghè 동 으르다, 위협하다, 협박하다, 공갈하다

吓吓 hèhè 의성 하하, 허허

X

088

鲜

鲜은 뜻에 따라 2가지 성조가 있다. **신선하다, 싱싱하다, 선명하다** 등의 뜻으로 쓰일 때는 제1성 xiān 으로 발음하고, **적다, 드물다**의 뜻으로 쓰일 때는 제3성 xiǎn 으로 발음한다.

xiān

형 **1. 신선하다, 싱싱하다 2. 선명하다**
3. 맛이나 향기가 좋다

명 **수산물**

5급	海鲜 hǎixiān	명	해산물, 해물
5급	鲜艳 xiānyàn	형	산뜻하고 아름답다
6급	鲜明 xiānmíng	형	1. (색깔이) 선명하다 2. 명확하다, 뚜렷하다

xiǎn

형 **적다, 드물다**

鲜少 xiǎnshǎo	형	적다, 드물다
鲜有 xiǎnyǒu	형	희소하다, 드물다

089

削

削는 뜻에 따라 2가지 발음이 있다. **껍질 등을 깎다, 벗기다** 등의 뜻으로 쓰일 때는 **xiāo** 로 발음하고, **빼앗다, 줄이다, 삭감하다** 등의 뜻으로 쓰일 때는 **xuē** 로 발음한다. 흔히 합성어나 성어에서만 **xuē** 로 읽는다.

xiāo

6급

동 (과일 등의 껍질을) 벗기다, 깎다

刮削 guāxiāo 동 1. (칼 등으로) 깎다
2. (재물을) 가로채다, 착취하다

削皮 xiāopí 동 껍질을 벗기다[깎다]

xuē

동 1. 깎다, 줄이다, 삭감하다 2. 빼앗다, 약탈하다
주로 합성어나 성어에서만 xuē 로 발음한다.

6급 剥削 bōxuē 명 동 착취(하다)

削减 xuējiǎn 동 삭감하다, 줄이다, 깎다

6급 削弱 xuēruò 동 1. 약화시키다
2. 약화되다, 약해지다

090

兴

兴은 뜻에 따라 2가지 성조가 있다. **흥성하다, 성행하다, 일으키다, 시작하다** 등의 뜻으로 쓰일 때는 제1성 xīng 으로 발음하고, **흥, 흥미** 등의 명사로 쓰일 때는 제4성 xìng 으로 발음한다.

xīng

동 1. 흥성하다, 유행하다, 성행하다
2. 성행시키다, 유행시키다
3. 시작하다, 일으키다

6급 复兴 fùxīng 동 1. 부흥하다 2. 부흥시키다

6급 兴隆 xīnglóng 형 번창하다, 흥성하다, 융성하다, 크게 발전하다

6급 兴旺 xīngwàng 형 번창하다, 왕성하다, 흥성하다

6급 振兴 zhènxīng 동 진흥시키다

xìng

명 흥, 흥미, 취미

兴趣 xìngqù 명 흥취, 흥미, 취미

3급 感兴趣 gǎn xìngqù 동 흥미를 느끼다, 관심을 갖다

6급 兴高采烈 xìng gāo cǎi liè 성어 매우 흥겹다, 매우 기쁘다, 신바람 나다

6급 兴致勃勃 xìng zhì bó bó 성어 흥미진진하다

091

行

行은 뜻에 따라 2가지 발음이 있다. **걷다, 가다, 하다, 실행하다, 행동** 등의 뜻으로 쓰일 때는 xíng 으로 발음하고, **행, 열, 직업, 점포** 등의 뜻으로 쓰일 때는 háng 으로 발음한다.

xíng

4급

동 1. 걷다, 가다 2. 하다, 실행하다 3. 외출하다, 여행하다 4. 유통하다

형 1. 좋다, 괜찮다 2. 여행의 3. 임시의, 유동적인 4. 유능하다, 대단하다

명 행위, 행동

5급 行动 xíngdòng
명 행위, 거동, 동작, 행동
동 1. 움직이다, 걷다 2. 행동하다, 활동하다

5급 行人 xíngrén
명 행인

5급 行为 xíngwéi
명 행위, 행동

6급 航行 hángxíng
동 항행하다, 항해하다, 운항하다

6급 可行 kěxíng
동 실행할 만하다, 가능하다, 할 수 있다, 해도 된다

6급 履行 lǚxíng
동 이행하다, 실행하다

6급 逆行 nìxíng
동 역행하다

6급 平行 píngxíng
형 (지위나 등급이) 대등한, 동등한, 동급의
명 평행
동 동시에 행하다, 병행하다

6급 实行 shíxíng 명 실행하다

6급 行政 xíngzhèng 명 행정

6급 运行 yùnxíng 명 (차·배·별 등이) 운행하다

6급 执行 zhíxíng 동 집행하다, 실행하다, 실시하다

háng

명 **1. 행, 줄, 열 2. 직업, 장사, 업무 3. 상점, 점포, 영업소 4. 형제 사이의 항렬, 순서**

3급 银行 yínháng 명 은행

5급 行业 hángyè 명 업무, 직업

6급 行列 hángliè 명 행렬, 행과 열

6급 外行 wàiháng 형 문외한이다, 전문가가 아니다, 아무것도 모르다
명 문외한, 비전문가

092

压

压는 쓰임에 따라 2가지 성조가 있다. **누르다, 압력을 가하다, 억압하다** 등의 뜻으로 쓰일 때는 제1성 yā 로 읽고, **压板** 의 구성자로 쓰일 때는 제4성 yà 로 읽는다.

yā

동 1. (내리)누르다, 압력을 가하다 2. 가라앉히다, 억제하다 3. 압도하다 4. 억압하다, 억누르다 5. 접근하다, 다가오다

명 압력

6급 气压 qìyā 명 기압

6급 血压 xuèyā 명 [생물] 혈압

6급 压迫 yāpò 명동 억압(하다), 압박(하다)

6급 压岁钱 yāsuìqián 명 세뱃돈

6급 压缩 yāsuō 동 1. 압축하다 2. 줄이다

6급 压抑 yāyì 동 억압하다, 억누르다, 억제하다
형 (마음 또는 분위기가) 답답하다, 어색하다, 딱딱하다

6급 压榨 yāzhà 동 1. 압착하다, 눌러서 짜(내)다 2. [비유] 억압하고 착취하다

6급 压制 yāzhì 명동 억제(하다), 억압(하다)
동 눌러서 만들다, 압착하여 만들다

yà

压板의 구성자

压板 yàbǎn 명 시소 (seesaw)

093

要

要는 쓰임에 따라 2가지 성조가 있다. **구하다, 요구하다, 협박하다, 강요하다** 등의 뜻으로 쓰일 때는 제1성 yāo 로 발음하고, 그 외에 다양한 의미와 용법으로 쓰일 때는 제4성 yào 로 발음한다.

Y

yāo

동 1. 구하다, 요구하다 2. 위협하다, 강요하다

3급 要求 yāoqiú 명동 요구(하다)

要挟 yāoxié 동 강요하다, 협박하다

yào

2급

동 1. 필요하다, 원하다 2. 부탁하다
3. 필요로 하다, (시간이) 걸리다

조동 1. ~할 것이다, ~하고 싶다 2. ~해야 한다 3. 곧 ~할 것이다

접 1. 만약, 만일 ~하면 2. ~하든가, 아니면 ~하다

형 중요하다, 귀중하다

4급 要是 yàoshi 접 만일 ~(이)라면, 만약 ~하면

4급 只要 zhǐyào 접 ~하기만 하면, 만약 ~라면
뒤에 就 또는 便 등과 호응함

5급 必要 bìyào 형 필요로 하다
명 필요(성)

5급 不要紧 búyàojǐn 형 1. 괜찮다, 문제없다
2. 괜찮다, 문제되지 않는다
다음에 반전이 말이 옴

5급 次要 cìyào 형 부차적인, 이차적인, 다음으로 중요한

5급 要不 yàobù
접 1. 그렇지 않으면
2. ~하든지 아니면 ~하든지
두 가지 중에서 하나를 선택

6급 纪要 jìyào
명 기요, 요록

6급 简要 jiǎnyào
형 간단명료한, 간결하고 핵심적인

6급 首要 shǒuyào
형 가장 중요하다 명 수뇌, 수반

6급 要点 yàodiǎn
명 1. 요점 2. 거점, 근거지

6급 要命 yàomìng
형 심하다, 죽을 지경이다
정도보어로 쓰여 정도가 아주 심함을 나타냄
동 목숨을 앗아가다, 죽을 지경에 이르다

6급 要素 yàosù
명 요소

6급 摘要 zhāiyào
명 적요, 개요

094

应

应은 뜻에 따라 2가지 성조가 있다. **응당 ~해야 한다** 등의 뜻으로 쓰일 때는 제1성 yīng 으로 발음하고, **응답하다, 응하다, 순응하다, 대응하다** 등의 뜻으로 쓰일 때는 제4성 yìng 으로 발음한다.

yīng

조동 1. 당연히 ~해야 한다 2. 응당 ~일 것이다
동 1. 응답하다, 대답하다 2. 허락하다, 인정하다

3급	应该 yīnggāi	조동 마땅히 ~해야 한다
6급	相应 xiāngyīng	조동 응당 ~해야 한다

yìng

동 1. 대답하다, 응답하다 2. 응하다, 받아들이다
3. 순응하다, 따르다, 부합하다 4. 응대하다, 대응하다

5급	反应 fǎnyìng	명동 반응(하다)
5급	应付 yìngfu	동 1. 대응하다, 대처하다 2. 대강하다, 얼버무리다 3. 그럭저럭 때우다
5급	应用 yìngyòng	동 응용하다, 이용하다, 적용하다 명 응용
6급	对应 duìyìng	동 대응하다 형 대응하는, 상응하는
6급	相应 xiāngyìng	동 상응하다, 서로 맞다, 호응하다
6급	响应 xiǎngyìng	명 동 호응(하다)
6급	应酬 yìngchou	명 동 접대(하다), 사교(하다) 명 연회, 파티
6급	应邀 yìngyāo	동 초청[초대]에 응하다, 초청을 받아들이다

095

扎

扎는 뜻에 따라 3가지 발음이 있다. **뾰족한 것으로 찌르다, 주둔하다** 등의 뜻으로 쓰일 때는 제1성 zhā 로 발음하고, **참다, 발버둥 치다** 등의 뜻으로 쓰일 때는 제2성 zhá 로 발음하며, **묶다, 매다, 묶음, 다발** 등의 뜻으로 쓰일 때는 zā 로 발음한다.

zā

동 1. 묶다, 매다 양 묶음, 다발, 단

包扎 bāozā 동 싸서 묶다, 싸매다, 포장하다

扎彩 zācǎi 동 (경축 행사 등에) 오색천이나 리본을 매어 장식하다

zhā

6급

동 1. (침이나 가시 등으로) 찌르다
2. [방언] 파고들다, 뚫고 들어가다
3. 자리를 잡다, 주둔하다

6급 扎实 zhāshi 형 1. 건강하다, 튼튼하다
2. 착실하다, 견실하다

6급 驻扎 zhùzhā 동 1. (군대가) 주둔하다 2. 주재하다

zhá

동 1. 참다 2. 발버둥 치다

6급 挣扎 zhēngzhá 동 발버둥 치다, 몸부림치다, 발악하다

096

载

载는 뜻에 따라 2가지 성조가 있다. **동사 기재하다, 게재하다** 또는 **명사 해, 년** 등의 뜻으로 쓰일 때는 제3성인 zǎi 로 발음하고, **싣다, 적재하다** 등의 뜻으로 쓰일 때는 제4성인 zài 로 발음한다.

zǎi

동 1. 기재하다, 게재하다 명 해, 년

登载 dēngzǎi　동 (신문 등에) 등재하다, 게재하다

6급 记载 jìzǎi　동 기재하다, 기록하다
명 기록, 기사

千载难逢 qiān zǎi nán féng
성어 천재일우의 기회, 좀처럼 만나기 어려운 좋은 기회

zài

동 1. 싣다, 적재하다 2. (길에) 가득하다, 넘치다

5급 下载 xiàzài　명 동 [컴퓨터] 다운로드(하다)
반의 上载 shàngzài 업로드(하다)

载重 zàizhòng　동 짐을 싣다, 적재하다
명 적재량

097

炸

炸는 뜻에 따라 2가지 성조가 있다. **기름에 튀기다**의 뜻으로 쓰일 때는 제2성인 zhá 로 발음하고, **터지다, 폭발하다** 등의 뜻으로 쓰일 때는 제4성인 zhà 로 발음한다.

zhá

동 1. (기름에) 튀기다 2. [방언] 데치다

5급 油炸 yóuzhá 동 (끓는) 기름에 튀기다, 식용유로 튀기다

炸酱 zhájiàng 명 동 자장(을 볶다)
→ **炸酱面** zhájiàngmiàn 자장면

동 1. 떼어먹다, 횡령하다
2. 억압하다, 협박하다

zhà

동 1. 터지다, 폭발하다
2. 폭파하다, 폭격하다
3. 구어 (분노가) 폭발하다, (화를) 터뜨리다
4. (놀라서) 달아나다[흩어지다]

6급 爆炸 bàozhà 동 1. 폭발하다, 작렬하다
2. (정보나 인구가) 폭증하다, 급증하다

炸弹 zhàdàn 명 폭탄

Z

098

着

着는 다음절 문자로, 발음에 따라 뜻과 쓰임이 다르다.

zhāo

명 1. (바둑·장기 등의) 수 2. 계책, 수단

감 [방언] 그렇지, 그래, 좋아 동의를 나타내는 말

着数 zhāoshù 명 1. 바둑·장기의 행마법
2. 무술 동작
3. 수단, 방법, 계책

zháo

동 1. 닿다, 접촉하다 2. (불이) 붙다, 켜지다
3. (어떤 침입을) 받다, 맞다, (어떤 상태에) 들다, 느끼다
4. 동사 뒤에 쓰여 목적이 달성되었거나 결과가 있음을 나타냄

3급 着急 zháojí 동 조급해하다, 초조해하다

5급 着火 zháohuǒ 동 불나다, 발화하다

5급 着凉 zháoliáng 동 감기에 걸리다

6급 着迷 zháomí 동 몰두하다, 사로잡히다, 빠져들다

zhe

2급

조 1. ~하고 있다, ~하고 있는 중이다 동작의 진행
2. ~해 있다, ~한 채로 있다 어떤 상태의 지속
3. ~하면서, ~한 채로 두 동사 사이에 동시 또는 연이어 진행됨을 나타내거나, 둘 사이에 방식·수단·목적 관계가 있음을 나타냄
4. 일부 동사나 형용사 뒤에 쓰여 명령이나 부탁의 어기를 나타냄
5. 일부 동사의 뒤에 쓰여 개사(전치사)의 기능을 하게 함

4급	接着	jiēzhe	부 잇따라, 이어서, 연이어, 계속하여 동 (손으로) 받다
4급	随着	suízhe	개 ~에 따라서, ~ 뒤이어, ~에 따라
6급	意味着	yìwèizhe	동 의미하다, 뜻하다

zhuó

동 1. (옷을) 입다, 걸치다 2. 접촉하다, 붙다, 닿다
3. 더하다, 덧붙이다 4. 파견하다, 사람을 보내다

명 소재, 행방

6급	沉着	chénzhuó	형 침착하다 동 [의학] (색소 등이) 가라앉다, 침착하다
6급	执着	zhízhuó	형 1. 고집스럽다, 융통성이 없다 2. 집착하다, 끝까지 추구하다
6급	着手	zhuóshǒu	동 착수하다, 시작하다, 손을 대다
6급	着想	zhuóxiǎng	동 (사람·일의 이익을) 생각하다, 고려하다, 염두에 두다
6급	着重	zhuózhòng	동 힘을 주다, 강조하다, 역점을 두다

099
种

种은 뜻에 따라 2가지 성조가 있다. **씨앗, 종자, 종, 인종** 등의 뜻으로 쓰일 때는 제3성인 zhǒng으로 발음하고, **심다, 씨를 뿌리다** 등의 뜻으로 쓰일 때는 제4성인 zhòng 으로 발음한다.

zhǒng
3급

명 1. 씨, 씨앗, 종자 2. 종, 품종 3. 인종
4. 종 생물분류의 기초단위

양 종, 종류, 가지

各种各样 gè zhǒng gè yàng
성어 각양각색, 여러 종류

5급 种类 zhǒnglèi 명 종류

6급 播种 bōzhǒng 동 파종하다, 씨를 뿌리다

6급 品种 pǐnzhǒng 명 품종, 제품의 종류

6급 种子 zhǒngzi 명 1. 종자, 씨, 씨앗
2. (경기의) 시드(seed)

6급 种族 zhǒngzú 명 종족, 인종

zhòng

동 심다, (씨를) 뿌리다, 기르다

种地 zhòngdì 동 1. 밭을 갈고 파종하다
2. 농사짓다

6급 种植 zhòngzhí 동 심다, 재배하다

100 转

转은 뜻에 따라 2가지 성조가 있다. **전환하다, 바꾸다, 전하다** 등의 뜻으로 쓰일 때는 제3성인 zhuǎn 으로 발음하고, **돌다, 회전하다** 등의 뜻으로 쓰일 때는 제4성인 zhuàn 으로 발음한다.

zhuǎn

동 1. 바꾸다, 바뀌다, 전환하다 2. 전하다

5급	转变 zhuǎnbiàn	동 전변하다, 바꾸다, 전환하다
5급	转告 zhuǎngào	동 전언하다, (말을) 전하다
6급	扭转 niǔzhuǎn	동 1. (몸을) 돌리다 2. (상황을) 반전시키다, 전환하다
6급	旋转 xuánzhuǎn	동 회전하다, 돌다, 선회하다
6급	周转 zhōuzhuǎn	동 (자금 · 물건 등이) 돌다, 유통되다, 회전되다 명 [경제] (자금의) 회전
6급	转达 zhuǎndá	동 전달하다, 전하다
6급	转让 zhuǎnràng	동 (물건이나 권리를) 넘겨주다, 양도하다
6급	转移 zhuǎnyí	동 1. 옮기다, 이동하다 2. [의학] 전이하다
6급	转折 zhuǎnzhé	동 (사물의 발전 방향이) 바뀌다, 전환하다

zhuàn

4급

동 1. 돌다, 회전하다 2. 한가하게 돌아다니다

转动 zhuàndòng 동 1. 돌다, 회전하다 2. 돌리다

转盘 zhuànpán 명 (전축의) 턴테이블, 회전판

新HSK 출제 필수한자 100字

HSK 한자 단어장 5·6급

같은 한자 다른 발음

한자를 알면 단어가 보인다!

INDEX

INDEX

A

B

C

D

J

K

L

M

N

T

W

X

Y

Z

新HSK 출제 필수한자 100字

HSK 한자 단어장 5 6급

같은 한자 다른 발음
한자를 알면 단어가 보인다!

저자 장석만
편저 김혜경

1판 1쇄 2020년 1월 5일
발행인 김인숙 발행처 디지스 교정 · 편집 김혜경
Designer Illustration 김소아
Printing 삼덕정판사

139-240
서울시 노원구 공릉동 653-5 대표전화 02-967-0700
팩시밀리 02-967-1555
출판등록 6-0406호
ISBN 978-89-91064-92-8

이 책에 나오는 단어의 뜻과 내용은 中韓辭典 고려대학교 을 참고하였습니다.

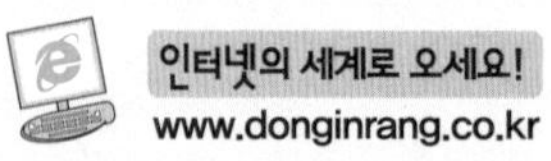